投资滚雪球
系列

指数基金
定投指南

安仔滚雪球 著

U0125333

清華大学 出版社
北 京

图书在版编目（CIP）数据

指数基金定投指南 / 安仔滚雪球著 . —北京：清华大学出版社，2020.5
（投资滚雪球系列）
ISBN 978-7-302-55249-9

Ⅰ . ①指⋯ Ⅱ . ①安⋯ Ⅲ . ①指数－基金－投资－指南 Ⅳ . ① F830.59-62

中国版本图书馆 CIP 数据核字（2020）第 049795 号

责任编辑： 顾　强
封面设计： 李伯骥
版式设计： 方加青
责任校对： 宋玉莲
责任印制： 沈　露

出版发行： 清华大学出版社
　　　　　网　　　址：http://www.tup.com.cn，http://www.wqbook.com
　　　　　地　　　址：北京清华大学学研大厦 A 座　　邮　　编：100084
　　　　　社 总 机：010-62770175　　邮　　购：010-62786544
　　　　　投稿与读者服务：010-62776969，c-service@tup.tsinghua.edu.cn
　　　　　质 量 反 馈：010-62772015，zhiliang@tup.tsinghua.edu.cn
印 装 者： 三河市国英印务有限公司
经　　销： 全国新华书店
开　　本： 155mm×230mm　　**印　张：** 14.75　　**字　数：** 204 千字
版　　次： 2020 年 5 月第 1 版　　**印　次：** 2020 年 5 月第 1 次印刷
定　　价： 68.00 元

产品编号：084886-01

亲爱的读者，你好。

在我撰写此书之际，中国证券市场正在经历一轮史无前例的上市公司"暴雷"事件，康美药业等上市公司因财务造假，公司股价暴跌，无数中小投资者损失惨重。往前追溯，2018年，长春市长生生物公司因假疫苗事件令市场舆论哗然，最终以股价暴跌94%并退市惨淡收场，被长生生物"活埋"的投资者不计其数。而这仅仅是中国证券市场"黑天鹅"事件的冰山一角，类似的事件不胜枚举。

许多投资者因此认识到股票投资的风险太高，从而转向基金定投，随之而来的难题是如何在数千只基金中挑选优秀的基金。截至2018年末，中国公募主动偏股型基金一共有3 375只，其中股票型基金387只，混合型基金2 988只。3 375只基金中，累计净值超过1元的基金数量仅有1 848只，其中股票型基金123只，混合型基金1 725只。有将近一半的主动型基金的基金经理无法为投资者带来正收益（1-1 848/3 375 ≈ 0.45），这样的结果令人感到遗憾。

作为资本市场中的一名从业人员，看到无数的中小投资者十分迷茫，我深感痛心，觉得应该尽绵薄之力帮助投资者更加理性地投资，避免"踩雷"。

作为"指数化投资"的忠实信徒，我认为定期投资低估值的指数基金不仅能让投资者"避免"踩雷，也是大部分中小投资者实现个人及家庭财富稳健增值的最佳方式之一。指数基金拥有费率低廉、运作透明、风险分散、参与门槛低等诸多优势，近年来逐渐受到青睐。随着国内指数基金的品种不断丰富，各种新型的指数产品令投资者应接不暇、无从下手，挑选指数和指数基金成为摆在投资者面前的一道障碍。另外，传统的定期定额的基金定投方法已不能满足投资者对收益率日益苛刻的要求，近些年，"智能定投"逐渐进入投资者的视野。智能定投在收益率方面确实远超普通的定期定额法。鉴于市面上对智能定投策略的介绍相对较少，无法满足投资者多样化的操作需求，我决定撰写这本《指数基金定投指南》，与广大投资者分享我在指数基金定投方面的策略与心得。

在本书中，我将详细描述挑选指数与指数基金的方法，介绍 6 种升级版定投买入策略和 6 种定投止盈策略，并提供具体的交易策略模型。在本书的末尾章节，我将分享基金定投过程中可能面临的心理障碍，以及克服这些心理障碍的一些小窍门。本书将分为 8 个章节，按照以下顺序依次展开。

第一章初识指数基金。主要描述指数基金的原理、分类、优缺点和中国指数基金发展史。

第二章将从指数的分类、指数开发商的江湖格局、指数信息的查询渠道、在编制规则有差异的基础上如何挑选最适合的指数等多个角度详细介绍挑选指数的方法。

第三章将介绍如何把握定投进场时机以及定投资金的常规分配方案。

第四章将介绍挑选指数基金的 4 个维度，4 个维度包括基金规模、综合费率、跟踪误差和流动性。

第五章是本书的核心章节，重点介绍目标点位系数法、阶梯点位系数法、成本偏离法、估值百分位法、改进价值平均策略、恒定亏损比例策略 6 种升级版定投买入策略。这 6 种买入策略大部分是我在过去数年的经验以及现有市场策略的基础上进行改良的结果，部分策略是首次亮相。我将在每种策略中给出具体的交易模型、优缺点分析以及适用人群。

第六章以介绍定投止盈策略为主，我将提供目标收益率法、目标估值法、均线止盈策略、回撤止盈策略 4 种传统止盈方法，外加可转债转股止盈策略和斜率偏离法两种另类止盈方法。其中，前五种方法为量化止盈法，最后一种方法为经验法则。本章中，我将提供一次性止盈、等额分批止盈、非等额分批止盈 3 种赎回方式的具体交易公式。

第七章旨在帮助投资者解决定投过程中存在的数据统计问题，手把手教会投资者计算不同场景下的定投年化收益率、估算指数基金的实时仓位和测算标的指数的估值。

第八章是本书的结尾，将为投资者排忧解难，分享我在过去数年总结的小技巧，旨在帮助投资者克服定投过程中存在的心理障碍。

鉴于市面上存在的指数基金图书内容同质化较为严重的现象，本书将采用差异化的定位，以介绍方法论为主，以"硬核干货"的形式呈现，避免含糊其辞。如无特殊说明，本书数据均由作者"安仔滚雪球"整理，书中所称的指数为股票型指数，指数基金为股票型指数基金。

真诚地希望本书的策略与心得可以帮助投资者解决投资基金面临的实际问题，通过指数基金实现财富增值。

祝阅读愉快，投资顺利！

目录

第一章

初识指数

基金

一、指数基金的原理

指数基金，顾名思义，就是以特定的指数作为标的指数（目标物），以该指数的标的证券作为投资对象的基金。基金公司通过向社会公众或特定对象发行基金募集资金，并按一定的规则以同比例或近似同比例的方式购买标的指数的成份股。通过复制标的指数的结构，使得基金与标的指数的走势保持一致，这种基金就是指数基金。

话说起来有点绕，其实很好理解，不妨用活字印刷来比喻指数与指数基金之间的关系。我们的祖先发明了活字印刷术，它将刻有字体的模板以一定的规则排列，在凸起的字体上涂上墨水，把纸覆在上面轻拂纸背，字迹就印在了纸上。如果需要对字进行调整，只需调整印刷模具上的字体模具。指数类似于活字印刷模具，指数基金类似于被印出来的各种字迹，指数基金的变化取决于指数的变化。

指数与活字印刷的模具都有相同的特点，即它们是固定的，只在少数情况下才作微调。模具具有唯一性，但我们可根据模具生产无数种相同的产品。类似地，指数也具有唯一性，市场上只有一个沪深300指数，这就是一个模具，各家基金公司都可以按照沪深300指数的编制规则发行相应的指数基金。因此我们不难发现，指数通常只有一个，但市场上却有诸多跟踪这个指数的基金存在，这就是指数与指数基金的运作逻辑，即复制。

指数与指数基金的另外一个运作逻辑是同比例复制。我们依然采用活字印刷来说明，假设现在需要印制《金刚经》的某个章节，章节第一段有10个汉字，第二段有20个汉字。印出来的纸张里，第一段应该要有10个汉字，第二段应该要有20个汉字，它们的内部结构是一一对应的。同样，指数内部有固定排版规则，一般称为"指数编制方案"，编制方案不仅规定了指数成份股的筛选规则，根据筛选规则会产生相对应的标的证券，每个标的证券在指数中的占比是固定的。基金公司在发行相应的指数基金时，也要严格按照这个"排版规则"进行相应的建仓。举个例子，假设某个指数里有 50 只成份股，前五只成份股占指数的权重分别是 5%、4%、3%、2% 和 2%，某基金公司发行跟踪该指数的指数基金，该基金的前五大持仓股票权重理论上也应该是 5%、4%、3%、2% 和 2%，不管这只基金的规模是增大还是缩小，应保持同比例的对应关系。

指数与指数基金存在近似同比例的复制关系，使得指数基金需要始终保持高仓位的运行状态，指数基金与指数的相关性无限接近 1，指数怎么走，指数基金就怎么走，指数基金几乎可以做到完全拟合指数的走势。图 1-1 是华夏上证 50ETF 指数基金与其标的指数上证 50 全收益指数的对比图，从中我们可以看到，基金的走势与指数走势几乎保持一致。这就是指数投资者想要达到的目的：通过投资指数基金的方式来投资大盘，看好哪个指数，直接购买相应的指数基金即可。

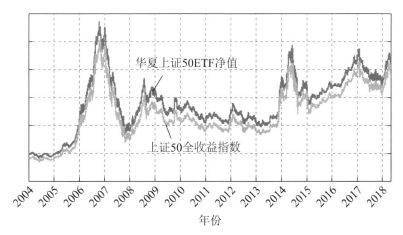

图 1-1 华夏上证 50ETF 基金与上证 50 全收益指数走势对比

数据来源：上海证券交易所、华夏基金。

值得注意的是，指数基金永远无法做到完全复制指数，因此才说它与标的指数的相关性无限接近1，但很难等于1，这是由基金仓位、运作费用、基金规模及基金管理人运作能力等多方面因素共同作用的结果。业内一般把指数基金与标的指数的日均跟踪偏离度标准差称为"跟踪误差"。跟踪误差将在本书第三章详细介绍，此处仅作提纲性陈述。表1-1展示了基金仓位高低对指数复制效果的影响。

表 1-1　仓位高低对指数基金跟踪误差的影响
（净值小数点取小数点后四位，四舍五入）

期　限	涨　幅	标的指数点位	基金净值（100% 仓位）	基金净值（95% 仓位）
1	—	1 000.00	1.000 0	1.000 0
2	10%	1 100.00	1.100 0	1.095 0
3	-5%	1 045.00	1.045 0	1.043 0
4	10%	1 149.50	1.149 5	1.139 9
6	-5%	1 092.03	1.092 0	1.085 8
累计涨幅	—	9.20%	9.20%	8.58%

二、指数基金的分类

指数基金的种类繁多，按照不同的标准可以划分为以下几类。

（一）按照交易方式的不同，指数基金可以分为场内指数基金和场外指数基金

场内指数基金，就是可以在交易所买卖的指数基金，如 ETF 基金、LOF 基金、分级指数基金的子基金等。场外指数基金属于场外基金，其交易地点不在交易所，而是在银行柜台、券商、第三方代销平台以及基金公司指定的其他地点。从表 1-2 可以看出，场外基金和场内基金本质差异不大，只是买卖通道有所区别。

表 1-2　不同类型的指数基金交易方式对比（发行上市之后）

指数基金类型	场内	券商（场外）	银行	三方代销	官方
普通指数基金	×	√	√	√	√
交易型开放式指数基金（ETF）	√	√	×	×	×
上市型开放式指数基金（LOF）	√	√	√	√	√
分级指数基金母基金	×	√	√	√	√
分级指数基金子基金	√	×	×	×	×
指数增强型基金（非增强 ETF）	×	√	√	√	√

（二）按照标的指数底层资产的类型划分

按照标的指数底层资产的类型，指数基金可分为股票型指数基金、债券型指数基金、货币型指数基金、商品期货型指数基金、房地产信托指数基金、外汇指数基金等。如无特殊说明，本书中提到的指数为股票指数、指数基金为股票型指数基金。表 1-3 展示了几个大类资产相对应的指数基金类型。

表 1-3　按资产类型划分的指数基金

大类资产	类　　型	对应基金	风险等级	收益等级
权益类	股票型	股票型指数基金	★★★★★	★★★★★
债权类	债券型	债券型指数基金	★★	★★
	货币型	货币 ETF	★	★
商品类	商品期货	大宗商品 ETF	★★★★★	★★★★★
	地产信托	房地产信托投资指数基金	★★★★	★★★★★
外汇类	外汇	杠杆型外汇 ETF	★★★★★	★★★★★
衍生品类	期权型	指数期权 ETF	★★★★★	★★★★★
	多空型	多空杠杆 ETF	★★★★★	★★★★★

（注：★越多，风险越大，收益越大。）

（三）按照指数成份股的股本或市值划分

按照指数成份股的股本或市值划分，指数基金可分为大盘指数基金、中盘指数基金和小盘指数基金。业内对大盘、中盘和小盘没有明

确的定义，大盘还是小盘通常是相对而言的。按照经验，我习惯将总
股本在 100 亿股以上的上市公司股票称为大盘股，其对应的指数称为
大盘指数；总股本在 10 亿～ 100 亿股左右的公司股票称为中盘股，
其对应的指数为中盘指数；总股本在 10 亿股以下的公司股票视为小
盘股，其对应的指数为小盘股指数。表 1-4 展示了按照成份股平均股
本的大小划分的各类指数。

表 1-4　按标的指数成份股股本或市值大小划分的指数基金（数据截至 2018 年末）

指 数 名 称	平均股本 （亿股）	平均市值 （亿元）	类　　型	代表性基金
上证 50	458	3 461	大盘股指数	华夏上证 50ETF
中证 100	266	2 127	大盘股指数	南方中证 100
沪深 300	123	980	大盘股指数	华泰柏瑞 300ETF
中证 500	19	124	中盘股指数	南方中证 500ETF
中证 1 000	9	61	小盘股指数	华宝中证 1 000 分级

数据来源：Choice。

（四）按照标的指数覆盖范围划分

按照标的指数覆盖范围的不同，指数基金可分为宽基指数基金和
非宽基指数基金。宽基指数基金跟踪的标的指数覆盖范围较宽，涵盖
了市场上的大部分公司，如综合指数、规模指数等。这类指数基金投
资的成份股数量往往较多，是市场上最具代表性的指数基金，如沪深
300 指数基金、中证 500 指数基金、创业板指数基金等。

非宽基指数基金就是宽基指数基金以外的指数基金，包括但不
限于行业基金、主题基金、策略基金、风格基金等。非宽基指数基金
跟踪的标的指数一般按照某种策略或某种目的进行编制，基金按照这
些指数的规则进行复制投资。表 1-5 展示了宽基指数和非宽基指数的
构成。

表 1-5 按标的指数覆盖范围划分

指数覆盖范围	指数类型	代表性指数举例
宽基指数	综合指数	上证综指、深证综指、创业板综等
	规模指数	深证 100、沪深 300、中证 500、中证 1000 等
非宽基指数	行业指数	中证医药、中证金融、300 消费、300 能源等
	主题指数	上证红利、中证环保、深证 TMT50、中证养老产业等
	策略指数	基本面 50、300 低波、红利低波、500SNLV 等
	风格指数	300 成长、500 价值、全指价值、180 成长等
	定制指数	小康指数、百发 100、雪球 100、上海国企等

数据来源：中证指数有限公司、深圳证券信息有限公司。

（五）按照对标的指数的复制程度划分

按照对标的指数复制程度的不同，指数基金可分为完全复制型指数基金和指数增强型基金。完全复制型指数基金的大部分资产投资于标的指数的成份股，仅留下小部分现金（通常为 5% 左右）用于应对投资者的申购、赎回。这种类型的基金，其投资目的主要是复制指数的走势，力求跟踪误差越小越好。

另一类是指数增强型基金，这类基金是在保证基本复制指数走势的基础上，通过基金经理的主观判断，力争取得部分超越指数的收益。相对于完全复制型指数基金而言，指数增强型基金有时大幅超越指数，有时则严重跑输指数，基金的表现是否优越完全取决于基金经理及投研团队采用的增强策略是否奏效。对这类基金的研究，一般要观察基金经理的投资风格是否稳定、增强策略是否可以经受住市场考验。另外，基金规模也会对增强型基金产生影响，如果规模过大，阿尔法收益对整体净值不一定有足够大的拉动作用。

通常而言，由于指数增强型基金需要取得超额收益，因此其跟踪指数的偏离幅度会比传统的指数基金要大，如表 1-6 所示，指数增强型基金跟踪误差往往比完全复制型指数基金高出 1.5 ～ 3.75 个百分点。

表 1-6　完全复制型指数基金与增强型指数基金跟踪误差对比

项　　目	完全复制型指数基金	指数增强型基金
是否复制指数	√	√
是否考虑 Alpha	×	√
年化跟踪误差	≤ 6%	≤ 7.75%

数据来源：基金招募说明书、基金合同。

（六）按照指数基金收费形式的不同

如表 1-7 所示，按照收费形式的不同，指数基金可以分为前置收费型指数基金和后置收费型指数基金。前置收费型指数基金一般在投资者申购时便收取相应的申购费；后置收费型指数基金一般在投资者赎回基金时收取申购费用。

表 1-7　前端收费和后端收费基金申购份额、净赎回金额计算公式

	前端收费模式	后端收费模式
申购	申购份额 = 申购金额 ÷（1+ 申购费率）÷ 申购日份额净值	申购份额 = 申购金额 / 申购日份额净值
赎回	净赎回金额 =（赎回份额 × 赎回日份额净值）×（1- 赎回费率）	净赎回金额 =（赎回份额 × 赎回日份额净值）×（1- 后端赎回费率）-（赎回份额 × 申购日份额净值 × 后端申购费率）
优缺点	优点：投资期限较短的情况下，前端收费模式的效果更好。 缺点：获得的份额较后端收费模式少	优点：可获得更多的份额，投资期限较长时可享受更多收益。 缺点：赎回费率一般与持有期限挂钩，在投资期限较短的情况下，费用较前端收费模式高

数据来源：基金招募说明书、基金合同。

（七）按标的指数的加权规则划分

如表 1-8 所示，按照标的指数的成份股是否等权重，指数基金可分为加权指数基金和等权指数基金。加权指数，顾名思义，就是以某

种策略赋予指数样本股不一样的权重，以市值因子为例，市值越大的公司，则越有可能被某个指数给予更高的权重，而指数内部的其他样本股权重则被削弱。等权指数则是人人平等、雨露均沾，无论何时都是站在同一条起跑线上。

表 1-8　加权指数基金和等权指数基金原理

项目	加 权 指 数	等 权 指 数
公式	报告期指数：$$=\frac{\sum(股价×调整股本数×权重因子)}{样本股数量}×$$ 指数基点	报告期指数：$$=\frac{\sum(股价×调整股本数×等权因子)}{样本股数量}×$$ 指数基点
权重	符合条件的单个样本股权重 $$=\frac{(股价_i×股调整本数_i)}{\sum(股价_i×调整本数_i)}×100\%$$	符合条件的单个样本股权重 $=$（1/ 样本股数量）$×100\%$ 此时权重因子是等权的，介于 0～1 之间以使得每个样本股权重保持相等
赋权方式	市值因子加权、红利因子加权、波动率因子加权……	等权指数通常以市值等权策略为主
优缺点	优点：在某方面表现很优秀的公司，其市值规模较大，给予的权重就越大，投资该指数即可间接享受这些公司的收益。 缺点：当指数样本股集中度过高时，则会产生严重依赖高权重公司的风险，一旦这些公司经营不当或有其他风险，容易对指数走势产生冲击	优点：人人平等、雨露均沾，可以摆脱某些公司由于权重过高带来的风险。对于指数内部有涨幅过大或跌幅较大的股票，定期进行权重再平衡有利于平抑风险。 缺点：根据木桶理论，指数走势的好坏则取决于股价表现最差的那家公司。由于需要定期保持每个样本股保持等权重，因此需要高抛低吸，容易产生交易摩擦，加大基金跟踪误差
指数举例	沪深 300、中证红利、500SNLV	医药 100、50 等权、300 等权
基金举例	华泰柏瑞 300ETF、大成中证红利、景顺长城中证 500 行业中性低波动	国联安医药 100、银华上证 50 等权 ETF、中银沪深 300 等权重

（八）按照基金是否从外部借入资金进行投资来划分

按照基金是否举债投资，指数基金可分为无杠杆指数基金和杠杆指数基金。大部分股票指数基金通常是不带杠杆的，以自有资金进行投资，这类基金以跟踪指数为目的。当基金从外部借入资金进行投资后，就变成了杠杆型基金，如分级基金 B 类份额的指数基金，其基金净值波动会加大，对跟踪效果产生很大的影响，部分投资于衍生品的指数基金还会因为衍生品本身存在的费用损耗问题而拖累净值增长。对于杠杆类指数基金，如商品期货 ETF、多空 ETF、分级 B 基金等，笔者通常将其视为对冲保护的工具，如果是长期投资，建议投资者持有无杠杆的指数基金。

（九）按照投资地域的划分

按照投资地域的不同，指数基金可以分为境内指数基金和境外指数基金，表 1-9 列举了部分地域类指数基金。

表 1-9　按地域划分的指数基金

项　　目	地域类型	指数举例	基金举例
境内市场	按省市	中证四川国企改革指数、上海国企指数	华夏中证四川国企改革 ETF、汇添富上海国企 ETF
	按片区	CS 京津冀、HKC 大湾区	广发中证京津冀发展 ETF、工银瑞信粤港澳大湾区创新 100ETF
境外市场	新兴市场	FTSE BRIC 50 INDEX	南方金砖四国指数 QDII
	成熟市场	标普 500、纳斯达克 100、MSCI US REITs、标普石油天然气上游开采指数	易方达标普 500、国泰纳斯达克 100、广发美国房地产、华宝标普油气

三、指数基金的优势

笔者曾经与不少朋友交流投资心得，发现了一些十分有趣的现象，一部分人认为：

"买指数基金不如买股票刺激。"

"自己永远属于可以超越大盘表现的那类人。"

"基金定投是小额投资，大资金怎么可能玩这种不入流的投资。"

"指数涨得慢，收益不如股票。"

"中国 A 股是赌场，指数表现很差，上证指数十年不涨，买指数基金是愚蠢的行为。"

事实真的如他们所言吗？

不可否认，A 股市场确实存在许多优秀的投资者，但官方披露的数据呈现的是另外一番景象。

根据中国证券登记结算有限公司统计的数据，截至 2018 年 12 月 31 日，沪深两市个人投资者共 1.46 亿人，2018 年全年人均亏损超 9 万元。

根据证券交易所的调查数据，2017 年，只有 8.5% 的投资者为抄底型逆向投资者，46.9% 为追涨型投资者。这意味着市场上大部分人都可以用一个词来描述——趋势跟随者，换成通俗的说法就是追涨杀跌。

追涨杀跌的后果是惨烈的亏损。东方财富网的调查显示，截至 2018 年底，A 股市场仅一成股民赢利，超过一半的股民亏损 20% 或更多。具体来看，5.6% 的股民盈利在 20% 以内，5.7% 的股民盈利在 20% 以上；近 70% 的股民忙碌一年却是亏损的，其中亏损在 20% 及以上的投资者最多，达到了 50%，亏损在 20% 以内的股民只有 19.3%。

大多数人往往会高估自己的能力并低估市场的威力，既然主动投资表现不尽如人意，指数投资真的就如他们所说的那样一无是处吗？

为此笔者做过统计，事实并非如此。选取上证指数、沪深 300、中证 500、创业板指、中证全指 5 个市场主流指数，统计这 5 个指数近五年的涨跌幅情况，记录每年股价涨幅超过这 5 个指数的公司数。

根据表 1-10、表 1-11 和图 1-2，从 2014 年到 2018 年，平均每年股价涨幅跑赢上证指数、沪深 300、中证 500、创业板指、中证全指的公司比例分别为 46.7%、45.9%、51.4%、56% 和 48.2%，平均下来每年可以跑赢这 5 个指数的平均值仅有 49.7%，说明市场有超过一半的股票涨幅还不如这 5 个常见的市场基准指数，这恰恰说明指数投资有很大的市场潜力。如果我们再对指数进行精挑细选，选择正确的基金投资时机、操作方法得当，跑赢指数甚至跑赢大部分股票是完全有可能的。

表 1-10　A 股主流指数近 5 年涨跌幅　　　　　单位：%

指　数 ＼ 年　份	2014	2015	2016	2017	2018	累计涨幅
上证指数	52.87	9.41	-12.31	5.56	-24.59	17.86
沪深 300	51.66	5.58	-11.28	21.78	-25.31	29.21
中证 500	39.01	43.12	-17.78	-0.2	-33.32	8.85
创业板指	12.83	84.41	-27.71	-10.67	-28.65	-4.13
中证全指	45.82	32.56	-14.41	2.34	-29.94	18.64
平均	40.44	35.02	-16.7	3.76	-28.36	14.09

数据来源：Choice。

表 1-11　2014—2018 年涨幅超 A 股几大主流指数的公司数量
（小数点后取一位，四舍五入）

年　份	2014	2015	2016	2017	2018	平均
上市公司总数（家）	2 574	2 797	3 024	3 462	3 567	—
涨幅超上证指数（家）	960	2 431	1 509	998	1 099	—
涨幅超沪深 300（家）	991	2 487	1 444	767	1 148	—
涨幅超中证 500（家）	1 278	1 815	1 817	1 145	1 777	—
涨幅超创业板指（家）	2 070	1 123	2 367	1 468	1 376	—
涨幅超中证全指（家）	1 114	2 014	1 618	1 061	1 483	—
涨幅超上证指数比例	37.3%	86.9%	49.9%	28.8%	30.8%	46.7%
涨幅超沪深 300 比例	38.5%	88.9%	47.7%	22.2%	32.2%	45.9%
涨幅超中证 500 比例	49.6%	64.9%	60%	33.1%	49.6%	51.4%
涨幅超创业板指比例	80.4%	40.2%	78.3%	42.4%	38.6%	56%
涨幅超中证全指比例	43.3%	72%	53.5%	30.6%	41.6%	48.2%
比例平均	49.8%	70.6%	57.9%	31.4%	38.6%	49.7%

数据来源：Choice。

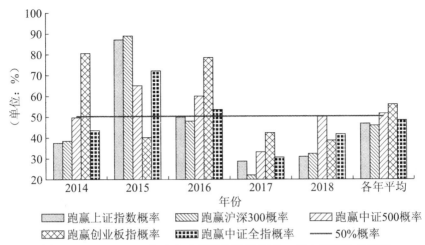

图 1-2　2014—2018 年上市公司股价涨幅跑赢 A 股主流指数的概率

数据来源：Choice。

　　如果股票涨幅跑不赢主流指数，主动型基金是否可以为投资者创造较好的收益呢？不妨用数据说话，如表 1-12 所示，截至 2018 年末，公募主动偏股型基金一共有 3 375 只，其中有股票型基金 387 只，混合型基金 2 988 只，而累计净值超过 1 元的分别只有 123 只和 1 725 只。这意味着如果我们从这 3 375 只基金中随意挑选一只，从发行那天起便认购持有至 2018 年底，取得正收益的概率仅有 54.7%。基金经理为投资者创造正收益的概率只比掷硬币作决定的概率高出 4.7 个百分点，有将近一半的基金经理无法为持有人带来正收益，令人唏嘘。

表 1-12　全市场主动管理型基金业绩表现
（股票型、混合型，数据截至 2018 年 12 月 31 日）

	股票型基金	混合型基金
总数量（只）	387	2 988
累计净值超过 1 的基金数量（只）	123	1 725
累计净值超过 1 的基金比例	31.8%	57.7%

数据来源：Choice。

　　表 1-12 的数据给出了直观的结论，国内的指数投资并没有像很多人想象的那么糟糕，数据揭示了 A 股市场具有指数投资发展的优良

土壤。指数基金与主动基金、股票相比，有着不小的优势。

（一）大部分指数天然具备优胜劣汰的功能，要想长期战胜指数很困难

如果把指数与社会发展的关系相结合，大部分股票型指数属于"正向指标"，即它们是反映社会进步、公司向前发展的"正能量指标"，体现企业的价值创造能力。只有少部分指数属于"逆向指标"，它们不能体现社会的进步和公司的发展状况，比如 ST 指数等。几乎所有基金公司开发的指数基金都是跟踪前者，没有人愿意去发行从长期来看会令财富缩水的指数基金，这意味着大部分指数是随着社会进步而螺旋式上升的。

指数公司在编制指数时，通常会制定指数调整样本股的规则和周期，每隔一段时间会把表现较差的公司剔除，把表现较好的公司纳入。指数其实是"好公司"的聚集地，"好公司"持续创造价值比"差公司"来得容易，简言之，大部分指数天然具备优胜劣汰的功能。

我们通过美国道琼斯工业平均指数（DJIA）来看待上述现象，DJIA 有着 135 年的历史，成份股数量有 30 只。在百年历史长河中，能被列入成份股持续时间超过 100 年的公司只有通用电气，而不幸的是，通用电气在 2018 年也被剔除出 DJIA。这背后与时代的变迁有很大关系，DJIA 从问世到现在经历了美国社会从铁路、电报、电话的时代，到石油、煤矿、钢铁、公用事业、汽车等行业蓬勃发展的时代，再到以连锁商业、金融、医药、大众消费品、信息技术等行业为代表的时代。每个时代都有不同的发展旋律，也都会相应地创造一批明星企业，但不是每家企业都能流芳百世。这也说明了大部分股票都只是某个时代的弄潮儿，潮水一过，许多公司能否存活下去都很难讲，更不用提跑赢指数。

（二）大部分指数永久存在，无须考虑公司退市或倒闭的风险

投资股票需要考虑公司破产和退市的风险，投资指数基金则几乎可以免除这两项忧虑。由于指数基金被动跟踪标的指数，单个公司破产、退市对指数整体影响较小，这部分非系统性风险被分散。投资者只需考虑指数开发公司是否会倒闭以及指数基金是否会清盘。以国内市场为例，大部分指数开发公司是政府国营企业，如中证指数有限公司，它是上海证券交易所和深圳证券交易所合资成立的公司，关门倒闭的风险很小。大部分指数都会永久存在，只要基金不清盘，就意味着投资标的将永远存在，真正达到"永生"的境界，这是很多上市公司永远都实现不了的目标。

（三）持仓透明，无须担心基金管理人的道德风险

在资产管理领域，无论是公募基金还是私募基金，职业经理人道德败坏的现象普遍存在。普通投资者没有信息、渠道优势，缺乏研判能力，很难去控制基金管理人的职业道德风险。

指数基金不存在上述的道德风险。由于指数的编制规则是公开的，指数成份股的名称和权重都是透明的，指数基金只需要按照指数开发公司的授权对指数进行同比例复制就可以，过程中几乎不需要基金经理的主观判断（这里暂且不考虑指数增强型基金）。基金管理人的道德风险可以被排除，这是指数基金的巨大优势。

（四）无须担心基金经理投资能力不足的风险

挑选主动型基金，最重要的是挑人，基金经理及团队的投研能力很大程度上决定了最终的收益率，要从上千只基金中选出长期成绩优

秀的基金经理难度不小。虽然我们可以在定期报告中了解到基金经理对行业和市场的研判，但现实中基金经理的投资风格往往飘忽不定，经常会出现基金持仓与《基金合同》的设定相差悬殊的情况。另外，团队的稳定性也是我们筛选基金经理的一大障碍，据金融终端 Choice 的数据显示，国内股票型基金的基金经理平均任职年限为 3.9 年，混合型基金为 4.2 年，债券型基金为 4 年。在鼓励个人投资者长期投资的当下，主动型基金的基金经理平均任职期限却只有 4 年，这无疑加大了投资人筛选基金的难度。

指数基金对基金经理的依赖程度很低，特别是完全复制型的指数基金，除跟随指数定期调整成份股、应对投资者申购赎回等日常操作外，几乎不需要基金经理对市场的主观判断，无须担心基金经理投资能力不足或基金团队不稳定等风险。

（五）拥有成本和费率优势

总体看，目前股票型指数基金管理费率的中位数是 0.5%，托管费率中位数是 0.1%，主动偏股型基金的管理费率中位数是 1.5%，托管费率中位数是 0.25%。国内指数基金的费率要比主动管理型基金低三分之二左右，且有不断降低的趋势。2016 年开始，陆续有基金公司发行费率更低的指数基金，这一趋势在 2018 年和 2019 年得到了进一步的强化。截至 2019 年 6 月，国内股票型指数基金的管理费率最低是 0.15%，托管费最低是 0.05%。指数基金费率在本书后续章节将会详细阐述，此处仅作简单介绍。

（六）复制指数走势，避免 "赚了指数不赚钱"

很多投资者有过这样的体会，即使手里满仓了股票，市场在上涨，手里的股票却不怎么涨，这种满仓踏空的感受让人心里很不好受。这种现象最近一次发生是在 2019 年初，A 股市场从底部突如其来的上涨行情让很多人措手不及，许多仓位低的投资者抱怨"赚了指数不赚钱"。指数基金会复制指数的走势，始终保持满仓的状态，很多宽基指数基金在牛市时表现得相当出色，无须担心踏空。

四、指数基金的缺陷

（一）无法获得超额收益或超额收益较小

在获取超额收益方面，主动型基金的优势更胜一筹，特别优秀的基金经理在可以十分明显地预见市场机会或风险时，会通过调整仓位来抓住机遇或控制风险。指数基金由于跟踪指数，随时保持满仓，不能随时调整仓位和成份股，超额收益的特征被削弱。

一些指数增强型基金在某些时期的表现会大幅超越标的指数，这种情况下，投资者往往会加大对该基金的申购力度，导致基金规模迅速膨胀，基金经理的管理难度也随之上升，最后可能导致超额收益逐步收窄甚至在某个阶段跑输标的指数。

（二）弱市行情的抗风险能力不如主动管理型基金

在某些突发情况下，如政策预期改变、企业盈利远不及预期、企业高层违法违规、国际贸易摩擦以及其他不可预知的"黑天鹅"事件影响，主动管理型基金可以自主决定是否改变投资策略，其对市场信息的反应速度很快会体现在基金的持仓和仓位上。虽然指数基金会定期跟随标的指数进行调仓，也有临时调仓，但反应速度普遍不如主动管理型基金，指数基金也因此会多承受一部分风险与损失。

五、中国指数基金简史

2002 年，华安基金发行上证 180 指数增强证券投资基金，这只基金虽然不是完全复制型指数基金，但它是最接近标准指数基金的基金。

2002 年 3 月，天同基金发行上证 180 指数基金，这只基金采用完全复制的策略，成为中国首只真正意义上的标准指数基金。

从此，国内基金公司开始了指数基金竞赛，中国指数基金的发展史同时也是一部赛道竞争与费率竞争的历史。

"赛道竞争"即基金公司对标的指数的争夺。由于指数基金具有明显的先发优势特征，率先抢占具有市场代表性的指数，在客户群体培育方面就占据了先机，往往越容易将基金规模做大。国内公募基金公司对标的指数的争夺史大致可分为宽基指数争夺、细分指数（指数分类详见本书第二章）争夺两个阶段。

在国内指数基金发展的早期（2002—2007 年），基金公司对标的指数的争夺焦点集中在宽基指数，综合指数、规模指数是当时基金公司争夺标的指数的主要阵地，如表 1-13 所示。

表 1-13　中国市场早期代表性宽基指数基金（2002—2007 年）

年份	基 金 名 称	标的指数	意　　义
2002	华安上证 180 增强	上证 180	第一只指数增强型基金
2002	同安上证 180	上证 180	中国第一只完全复制型指数基金
2003	融通深证 100	深证 100	深证 100 是首个定位投资功能的指数
2004	华夏上证 50ETF	上证 50	中国第一只 ETF 指数基金
2005	嘉实沪深 300	沪深 300	中国首只跨市场指数基金
2006	华夏中小板	中小板指	中国首只追踪深交所市场的 ETF 基金
2007	中银保诚标智沪 300ETF	沪深 300	首只海外沪深 300ETF 在港交所上市
2007	野村上证 50ETF	上证 50	首只海外上证指数 ETF 在日本上市

数据来源：中证指数有限公司、深圳证券信息有限公司指数事业部。

随着宽基指数争夺逐渐升级，同时基于投资者对细分资产配置的需求不断增加，不少基金公司在争夺宽基指数的同时，也将目光转移到细分指数市场。所谓细分指数，指的是包含行业指数、主题指数、风格指数、定制指数、策略指数等的非宽基指数。2007 年左右，大量指数基金发行，追踪行业、主题和风格指数的基金逐渐开始增多，随后几年逐渐盛行。

在基金公司争夺赛道的同时，费率竞争的枪声也已经打响。2004 年，中国第一只 ETF 指数基金华夏上证 50ETF 成立，管理费率和托管费率分别定在 0.5% 和 0.1%，之后相当长一段时间内，完全复制型指数基金的平均管理费率为 0.5%，平均托管费率为 0.1%。但随着指数基金的竞争越来越激烈，产品同质化趋于严重，再加上美国等成熟资本市场指数基金费率下行趋势形成良好的标杆效应，基金公司为引导新的竞争格局，开始在费率方面进行差异化服务。

率先打破费率僵局的是博时基金，2015 年 5 月，博时基金发行博时上证 50 交易型开放式指数基金，这只指数基金的管理费率下调至 0.3%，托管费率仍为 0.1%。这一举动引起了业内人士的高度关注，并在市场上打响了 ETF 降费的"第一枪"，中国指数基金从此由"赛道争夺"时代迈入"赛道争夺与费率争夺"并存的时代。

随后的 2016 年，上海汇添富基金发行汇添富上海国企 ETF，并同时下调管理费率，由市场平均值 0.5% 下调至 0.45%。

随后 2～3 年，不断有新的基金公司加入价格战。2018 年 10 月，华夏基金和博时基金分别发行华夏中证央企 ETF、华夏中证央企 ETF，两只央企改革 ETF 指数基金的托管费率下调至 0.05%，下降幅度达 50%。此后，诸多基金公司开始下调指数基金的托管费率。

截至 2019 年 6 月 30 日，国内市场基金管理费率低于 0.5%、托管费率低于 0.1% 的股票型指数基金数量已达 33 只。

第二章

如何挑选
指数

曾经有朋友向笔者咨询如何购买指数基金，有意思的是，几乎所有人在初步了解完什么是指数基金后，就会直接索要具体的基金名字，随后他们会准备开始投资这只基金，或者干脆直接将资金打入基金账户里申购基金。

笔者对这种现象感到十分诧异，诧异的并不是他们购买指数基金的热情，而是他们做决定的速度如此之快。指数基金虽然简便，但简便不代表简单，任何一项投资背后都有深奥的学问。

指数基金以复制指数走势为目标，挑选基金的前提便是选择指数。挑选指数基金的步骤一般是：先纵向挑合适的指数，再横向筛选优秀的指数基金。本章将为投资者介绍挑选指数基金的方法及步骤，帮助投资者挑选指数基金。

挑选指数基金前，最要紧的工作是挑选合适的指数。大多数基金复制同一个指数，它们的收益差距并不会过大，但不同指数的风险、收益截然不同。指数的差异很大程度上决定了最终的投资收益，挑选指数是购买指数基金的前提。

一、指数的分类

在挑选指数之前，我们有必要对指数进行分门别类。如表2-1所示，按照指数标的资产的不同，可将指数分为债券指数、货币指数、股票指数、衍生品指数等。股票指数是我们投资证券资产最耳熟的一类指数，比如上证指数、沪深300、创业板指等。

如无特别说明，在本书中，笔者介绍的指数均为股票型指数。

表 2-1　指数分类（按标的资产划分）

按标的资产分类	指 数 类 型	明 细 分 类
债权型	货币指数	货币基金指数
	债券指数	国债指数
		国开债指数
		企业债指数
		公司债指数
介于债权和权益类之间	可转债	可转债指数
	可交换债	可交换债指数
	优先股	可转换优先股指数
权益类	宽基指数	综合指数
		规模指数
	非宽基指数	行业指数
		主题指数
		策略指数
		风格指数
		定制指数
衍生品	期货	期货指数
	期权	期权指数

　　股票指数按照对成份股的覆盖范围不同，可分为"宽基指数"和"非宽基指数"（也有投资者将"非宽基指数"称为"窄基指数"）。

　　宽基指数，顾名思义，就是成份股的覆盖范围广泛，可以代表整个市场或大部分市场股票的指数。从它的定义可以延伸出两类指数，一种是综合指数，另一种是规模指数。

（一）综合指数

　　综合指数把全部上市股票都纳入统计，以某个市场的全部股票为基础，按照一定的规则进行编制。也就是说，综合指数把好的公司与差的公司全部纳入进来。例如上证综合指数，它反映的是在上海证券交易所上市的所有股票的价格指数，包括上证 A 股指数和上证 B 股指数。股票综合指数是市场的整体反映，主要起表征市场的作用，投资功能较弱。国内常见的股票综合指数如表 2-2 所示。

表 2-2　国内部分常见的股票综合指数

指数名称	指数代码	起始日期	基点
上证综指	000001	1990-12-19	100
深证综指	399106	1991-04-03	100
创业板综	399102	2010-05-31	1 000
中小板综	399101	2005-06-07	1 000
新指数	399100	2005-12-30	1 107.23

资料来源：中证指数有限公司、深圳证券信息有限公司指数事业部。

（二）规模指数

规模指数是指用于反映该市场上规模最大（如市值规模）的一批公司的股票指数，其编制一般以总市值或自由流通市值作为统计口径。例如中证 100 就是由沪深 300 指数成份股中规模最大的 100 只股票组成，综合反映中国 A 股市场中最具市场影响力的一批超大市值公司的股票价格表现。国内资本市场部分常见的规模指数如表 2-3 所示。

表 2-3　国内部分常见的股票规模指数

按指数系列	指数名称	指数代码	基准日期	基点	成份股数量
上证系列	上证 50	000016	2003-12-31	1 000	50
	上证 180	000010	2002-06-28	3 299.06	180
	上证 380	000009	2003-12-31	1 000	380
	上证小盘	000045	2003-12-31	1 000	320
	上证中盘	000044	2013-12-31	1 000	130
	上证中小	000046	2003-12-31	1 000	450
中证系列	中证 100	000903	2005-12-30	1 000	100
	沪深 300	000300	2004-12-31	1 000	300
	中证 500	000905	2004-12-31	1 000	500
	中证 800	000852	2004-12-31	1 000	800
	中证 1 000	000985	2004-12-31	1 000	1 000

按指数系列	指数名称	指数代码	基准日期	基　　点	成份股数量
深证系列	深证成指	399001	1994-07-20	1 000	500
	深证100	399330	2002-12-31	1 000	100
	中小板指	399005	2005-06-07	1 000	100
	创业板指	399006	2010-05-31	1 000	100
	中小300	399008	2010-03-22	1 000	300
	中创400	399624	2010-06-30	1 000	400
	中小创新	399015	2011-12-30	1 000	500
深证系列（国证指数）	国证50	399310	2002-12-31	1 000	50
	国证300	399312	2002-12-31	1 000	300
	国证1 000	399311	2002-12-31	1 000	1 000
	巨潮100	399313	2002-12-31	1 000	100
	巨潮大盘	399314	2002-12-31	1 000	200

资料来源：中证指数有限公司、深圳证券信息有限公司指数事业部。

非宽基指数有很多细分的指数，这些细分领域的指数覆盖成份股的范围较窄，也被称为"窄基指数"。有的指数只覆盖某个行业的股票，被称为"行业指数"。有的指数介于主动投资与被动指数投资之间，通过人为策略的加载和因子暴露以达到某种特定目的，这类指数一般被称为"策略指数"或"Smart Beta 指数"。

常见的非宽基指数主要有行业指数、主题指数、风格指数、策略指数和定制指数等。

（三）行业指数

行业指数是根据特定的行业分类标准，由指数编制公司依照行业分类标准编制的指数。行业分类标准可分为管理型标准和投资型标准，管理型标准的目标是反映国民经济内部的结构和发展状况，投资型标准的目标是为投资者提供投资分析、业绩评价、资产配置或指数基金跟踪等服务。

国外权威的投资型行业分类标准主要有全球行业分类系统（GICS）、

富时全球分类系统（FTSE）等，国内常见的有《中证上市公司行业分类标准》《国证行业分类标准》等。证监会《上市公司行业分类指引》虽然也对上市公司分门别类，但其编制主要参考国家统计局的国民经济行业分类标准，更偏重于管理型标准而非投资型标准。

上市公司行业分类一般采用营业收入作为划分依据。当上市公司某类业务的营业收入比重大于或等于50%，即可将其划入该业务相对应的行业。当上市公司没有一类业务的营业收入比重大于或等于50%，但某类业务的收入和利润均在所有业务中最高，并且均占据公司总收入和总利润的30%以上（含30%），则将该公司划入该业务对应的行业。不满足上述标准的，则由行业分类的专家组另行判断。

《证监会行业分类指引》《中证上市公司行业分类标准》以及《国证行业分类标准》采用三级或四级的分类方式。

《证监会行业分类指引》中，以 A ～ S 字母代表 19 个门类，用两位阿拉伯数字代表 19 个大类。

《中证行业分类标准》有 10 个一级行业、26 个二级行业、72 个三级行业和 162 个四级行业。

《国证行业分类标准》有一级行业 11 个、二级行业 30 个、三级行业 88 个、四级行业 164 个。国内常见的一级行业指数如表 2-4 所示。

表 2-4　中证、深证、国证系列一级行业指数

指 数 名 称	指 数 代 码	指 数 名 称	指 数 代 码
中证能源	399928	深证材料	399614
中证材料	399929	深证工业	399615
中证工业	399930	深证可选	399616
中证可选	399931	深证消费	399617
中证消费	399932	深证医药	399618
中证医药	399933	深证金融	399619
中证金融	399934	深证信息	399620
中证信息	399935	深证电信	399621
中证电信	399936	深证公用	399622
中证公用	399937	1000 能源	399381
深证能源	399613	1000 材料	399382

指 数 名 称	指 数 代 码	指 数 名 称	指 数 代 码
1000 工业	399383	1000 金融	399387
1000 可选	399384	1000 信息	399388
1000 消费	399385	1000 电信	CN5110
1000 医药	399386	1000 公用	399390

资料来源：深圳证券信息有限公司指数事业部。

与主题指数相比，行业指数以营业收入作为划分依据，更加清晰、客观，成份股的范围也更细化，可为有不同行业配置需求的投资者带来更多的选择。

随着行业不断细分，细化后的三级行业或四级行业对投资者的专业性要求也更高，需要对行业有深入了解才能掌握行业投资的窍门。

对于深入了解某些细分行业的专业投资者，可以考虑三级或四级行业指数的指数基金；对于细分市场缺乏深入了解的投资者，一级、二级行业指数基金或许更合适。

（四）主题指数

主题指数与主题投资是密不可分的，主题投资属于自上而下的一种投资方式，它通过评估社会的形态结构，从中确认某些领域的变革趋势或驱动因素，通过投资于趋势和变化，期望从中受益。例如，新能源汽车主题属于典型的主题投资，其通过捕捉新能源革命浪潮的新机遇，搭建相应的股票从而获得该主题的投资收益。

一般情况下，主题投资有别于概念投资与题材投资，主要的区别在于投资的时间长短，主题投资把握的是中长期趋势，而概念投资与题材投资往往是炒作标的物，其时间相对较短。

主题指数就是在主题投资的逻辑框架下，根据主题投资确定的方向，按照一定的规则编制的指数。随着社会分工不断明确，主题指数也呈现出越来越细化的特征，与行业指数相比，主题投资往往不会把成份股的范围局限于某个行业分类体系内，其覆盖的行业、地域、品种比行业指数更加广泛,但以营业收入作为划分标准的行业指数界定更加清晰,有时主题指数也被称为某些行业指数的集合体。表 2-5 展示了部分常见的主题指数。

表 2-5　国内部分常见的股票主题指数

按主题分类	指数名称	指数代码	按主题分类	指数名称	指数代码
股息红利主题	红利指数	000015	养老主题	养老产业	399812
	中证红利	000922		上证养老	H50043
	深证红利	399324		智能家居	399996
	300 红利	000821		国证食品	399396
	上红低波	H50040	环保主题	中证环保	000827
新能源主题	CS 新能车	399976		环保 50	930614
	CS 新能源	930771	改革开放主题	沪自贸区	950086
	中证核电	930642		一带一路	399991
新兴医疗主题	CS 精准医	930719		国证高铁	399419
	CS 互医疗	930720		国企改革	399974
	CSWD 生科	399993	社会责任主题	责任指数	000048
先进制造主题	高端装备	000097		ESG100	000846
	工业 4.0	399803		ESG40	000970
	上证 TMT	H50039	安防主题	中证军工	399967
	TMT50	399610		安防产业	399693

资料来源:中证指数有限公司、深圳证券信息有限公司指数事业部。

(五)风格指数

在股票投资中,不同的股票往往会表现出不同的风险与收益特征,如果将特征相似的股票聚集在一起,就形成了风格相似的股票簇。为方便投资者直接、便捷地投资风格相似的股票,风格指数应运而生。

典型的风格指数分为两类,即成长型风格指数与价值型风格指数。在早期,指数编制机构通过 P/B(市净率)因子来划分成长风格与价值风格,但单因子变量划分过于简单,后来指数编制机构逐步采用更为精准的多重因子变量来划分。成长风格与价值风格的划分都采用了估值类的变量，不同的是，成长风格采用的因子更注重业绩的增长性，如营业收入增长率、净利润增长率、内部增长率等，而价值风格更偏重于性价比，如股息收益率、市净率、市盈率、市现率等。

成长风格指数与价值风格指数还可以根据股票资产规模大小，对应地产生二级风格，大盘风格指数、小盘风格指数就是典型代表，如表2-6和表2-7所示。

表2-6　按规模划分的二级风格指数

	成 长 风 格	价 值 风 格
大盘股	大盘成长指数	大盘价值指数
中盘股	中盘风格指数	中盘价值指数
小盘股	小盘成长指数	小盘价值指数

表2-7　部分国内常见的风格指数

	指 数 名 称	指 数 代 码
大盘风格	300 成长	000918
	300 价值	000919
中盘风格	500 成长	H30351
	500 价值	H30352
小盘风格	深证 700 成长	399628
	深证 700 价值	399629

资料来源：中证指数有限公司、深圳证券信息有限公司指数事业部。

从风险与收益特征看，成长型风格指数更激进，适合风险偏好更高的投资者；价值型风格指数的防御性好于成长性，更适合稳健型投资者。

随着风格指数不断演化，在价值风格与成长风格的基础上，罗素公司在2010年提出了一种全新的补充风格指数——稳定性风格指数。传统的成长风格与价值风格采用的是估值变量，而稳定性风格指数采用的是非估值变量。这是因为股价的波动往往受多重因素的影响，而基本面因素只是影响股价波动的原因之一，经济周期、市场情绪、监管政策、流动性等各种不确定性因素都可能驱动股价波动，而稳定性风格就是为了衡量股价对市场环境变化的敏感度。

按股价对市场环境变化的敏感程度强弱进行划分，可以将稳定性风格指数进一步划分为动态风格指数和稳定风格指数。纳入动态风格指数的股票，其股价对市场环境变化的敏感程度较高，当市场情绪、宏观经济、政策环境等发生明显变化时，动态风格指数的波动率将加大；稳定风格指数则相反，外部环境对其股票的股价影响较小，波动率更低。

以图 2-1 为例，沪深 300 动态指数与沪深 300 稳定指数在不同的市场行情下波动率差别明显。动态指数对市场环境的变化更加敏感，在图 2-1 中，2014—2015 年间，沪深 300 动态指数波动率较高，涨幅比沪深 300 稳定指数更大；2016 年之后，沪深 300 动态指数的走势疲软，跌幅较沪深 300 稳定指数更大，表现出暴涨暴跌的特性。2016—2018 年间，沪深 300 稳定指数则表现出更好的抗跌属性。

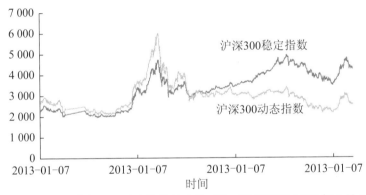

图 2-1　300 稳定指数与 300 动态指数的走势对比（数据截至 2019 年 6 月 30 日）
资料来源：Choice。

（六）策略指数

指数化投资向来遵循被动管理的理念，即人为主观因素在指数投资中几乎没有用武之地，但这种观点在近些年逐渐受到冲击。随着指数投资的不断演化，试图通过调整风险获取超额收益的主动管理指数越来越受到人们的重视，由此出现了策略指数。

传统的行业指数、规模指数、主题指数、风格指数、综合指数是通过对某一特征进行分门别类，目的在于反映该特征下的市场平均风险和平均收益，即传统的 Beta 收益。策略指数通过人为调整符合特定条件的因子，目的是获取超越市场基准的超额收益，即传统的 Alpha收益（风险溢价），也有业内人士将策略指数称为"Smart Beta"（聪明指数），策略指数体现的是主动管理的特征。

传统指数采取的编制方式是市值加权，收益方向为单向做多，策略指数涵盖了这种方式之外的所有指数，策略指数的编制采取非市值加权的方式。表 2-8 展示了基本面加权、波动率加权、股息收益率加权等策略指数，收益方向是多向的，既可以通过做多方式获取收益，也可以通过做空方式获取收益。

表 2-8 部分国内常见的策略指数

	指 数 名 称	指 数 代 码
基本面加权	基本面 50	000925
	香港 F50	H11110
波动率加权	500SNLV	930782
	300SNLV	930846
股息红利加权	300 红利 LV	930740
	深红利 50	399672
	标普 A 股红利机会	CSPSADRP
风险加权	300ERC	H30261
	300DRC	930887
收益方向	100 两倍	930772
	100 反向	930773

资料来源：中证指数有限公司、深圳证券信息有限公司指数事业部。

二、谁在向市场提供指数

（一）国内主要指数供应商

1. 中证指数有限公司

中证指数有限公司由上海证券交易所和深圳证券交易所于 2005年 8 月共同出资成立，是中国规模最大、产品最多、服务最全、最具市场影响力的金融市场指数提供商。中证指数有限公司成立的目的是整合沪、深交易所现有指数资源，编制在全国乃至海外市场具有影响力的全市场统一指数，为指数产品提供标的指数。

中证指数有限公司旗下的中证系列指数是市场上跟踪产品最多的指数。截至 2019 年 6 月，中证指数有限公司现已累计整合市场指数近 4 000 个，其中，中证系列指数 1 162 个。在这 1 162 个指数中，股票指数有 959 个、债券指数有 95 个。截至 2018 年四季度末，跟踪中证系列指数的指数基金共有 381 只，基金资产净值规模约为 4 169.5 亿元。

中证指数有限公司旗下各个系列的指数覆盖面广泛，涵盖了境内市场（沪市和深市）、境外市场（中国香港市场、亚太市场等），底层资产涵盖了股票、债券、衍生品等，风格有价值型和成长型，能够适应各种不同风险偏好的投资者对指数产品的配置要求。

2. 深圳证券信息有限公司旗下指数事业部

深圳证券信息有限公司是深圳证券交易所的全资子公司，国内最早从事互联网证券信息服务的公司。深圳证券信息有限公司旗下的指数事业部为国内最早开展指数业务的专业化运营机构，是中国内地交易所直属指数机构之一，深圳证券信息有限公司旗下的指数事业部管理的"深证"系列"单市场"指数于 1991 年开始计算，自 2002 年以来又率先推出跨深、沪两市场的"国证"系列指数，现拥有深证指数和国证指数（原先的巨潮指数在 2014 年被纳入国证指数体系）两大系列的指数品牌。深证指数的特点以"单市场"特征为主，其主要反映深圳证券市场的证券价格情况。国证指数是跨市场指数，主要覆盖上海证券市场、深圳证券市场和香港证券市场。

截至 2017 年 12 月底，深圳证券信息有限公司指数事业部共管理 848 个指数，其中，股票指数有 780 个，债券指数有 52 个。按覆盖的市场范围划分，仅涉及深圳市场的指数有 317 个，跨越上海和深圳市场的指数有 319 个，跨越深圳和香港市场的指数有 156 个。

沪、深两市的证券市场结构和功能轮廓逐渐清晰，且有一定的互补性，沪市以国企和大型企业上市公司为主，凸显大市值、蓝筹股为主的价值型市场特征，而深市以中小板和创业板为载体，以中小企业为主，新兴产业和民营企业占据较大的比重。因此，反映深圳市场特征的指数体现出创业创新的特征，信息技术、可选消费、医药卫生等新兴产业占据较大的优势，较能符合成长型投资者的要求。2019 年 7 月，上海证券交易所推出科创板，将逐渐弥补原先科技新兴产业占比较低的局面。

3. 上海证券交易所（上证系列指数）

1990 年以来，上海证券交易所从最初的 8 家上市公司，逐步发展为拥有超过 1 500 家上市公司的交易市场，形成以大型蓝筹企业为主、大中小型企业共同发展的多层次蓝筹股市场，是全球增长最快的新兴证券市场。

为了适应上海证券市场的发展格局，上海证券交易所于 2002 年 10 月 11 日成立了上海证券交易所指数专家委员会，由前香港证监会副主席吴伟骢担任上证系列指数专家委员会主席，开始了上证市场的指数编制开发，这是国内成立的首个指数专家委员会。

截至 2018 年底，上证系列指数一共由 269 个指数组成，涵盖了综合指数、规模指数、行业指数、主题指数、策略指数、风格指数等股票指数，以及债券指数、基金指数、境外指数、商品指数等一系列其他类别的指数，其中的股票指数有 226 个。

4. 中华证券交易服务有限公司（中华系列指数）

中华证券交易服务有限公司（以下简称"中华交易服务"）是香港交易及结算所有限公司（香港交易所）、上海证券交易所和深圳证券交易所的合资公司。

中华交易服务有限公司 2012 年 9 月成立，总部设在中国香港，中华交易服务以沪、深、港三个市场的交易产品为基础编制跨市场指数，并研发上市公司分类标准、讯息标准及产品。通过提供全新指数化跨境交易产品和跨境金融服务，向境内和境外投资者双向配置跨境金融资源，实现中国资本市场与全球资本市场的互联互通。

截至 2018 年底，中华交易服务有限公司旗下有四大系列指数，分别是中国内地市场指数、中国跨境市场指数、香港与境外市场指数、概念指数，四大系列指数下面共有 22 个指数。

（二）境外主要指数供应商

1. 标普道琼斯指数有限公司（S&P Dow Jones Indices LLC）

标普道琼斯指数有限公司（以下简称"标普道琼斯"）是全球最大的金融市场指数提供商。标普道琼斯为标普环球（控股股东）与芝加哥商品交易所（CME Group Inc.）的合资公司，其前身为道琼斯公司与标准普尔公司，于 2012 年 7 月合并。标普环球（NYSE* 代码：SPGI）为个人、公司和政府提供重要信息。作为少数股东，芝加哥商品交易所（NYSE 代码：CME）拥有标普道琼斯指数的许可协议，也是数据供应商。

标普道琼斯在合并之前，编制了金融市场标志性的标准普尔 500 指数和道琼斯工业平均指数。标普道琼斯指数有限公司旗下拥有超过 100 万个指数，是全球第一大指数开发商。

2. 明晟公司（MSCI）

美国明晟公司（英文缩写为"MSCI"），它是由摩根士丹利公司（Morgan Stanley）与资本国际基金管理公司（Capital International Perspective SA）合资成立的，是美国著名的指数编制公司。MSCI 总部设在纽约，并在瑞士日内瓦及新加坡设立办事处，负责全球业务运作，英国伦敦、日本东京、中国香港和美国旧金山均设有区域性代表处。

MSCI 指数是全球基金经理采用最多的基准指数。根据 MSCI 的数据，在北美及亚太地区，超过 90% 的机构性国际股本资产以 MSCI 指数为基准。追踪 MSCI 指数的基金公司多达 5 719 家，资产规模达 3.7 万亿美元。另有相关调查显示，约 2/3 的欧洲大陆基金经理使用

---

* 纽约证券交易所的英文缩写。

MSCI 作为指数供货商，全球超过 1 400 名客户使用 MSCI 作为标的指数的供应商。

3. 富时罗素公司（FTSE Russell）

富时罗素公司（以下简称"富时罗素"）是英国伦敦交易所集团（LSEG）旗下全资公司，全球第二大指数编制公司，致力于提供指数编制、分析和数据解决方案。其前身为英国富时集团与美国罗素指数公司，于 2015 年合并。

截至 2018 年底，拥有约 15 万亿美元的资产以富时罗素指数为基准。30 多年以来，主流资产管理机构、ETF 发行方和投资银行都使用富时罗素指数作为其投资表现的基准和开发投资基金、ETFs、结构性产品和指数衍生品。富时罗素也为用户提供资产配置、投资策略分析和风险管理工具。

4. 斯托克有限公司（STOXX Ltd.）

斯托克有限公司（以下简称"斯托克"）由道琼斯公司、德国证券交易所和瑞士交易所在 1998 年合资成立。它现在已发展为欧洲主要的指数提供商之一，编制的指数授权给全球约 400 家公司。另外，斯托克还是欧洲第一、全球第三的衍生品指数供应商。

5. 恒生指数服务有限公司（Hang Seng Index Services Limited）

恒生指数服务有限公司（以下简称"恒生指数公司"）是恒生银行有限公司（港交所代码：0011）的全资子公司，于 1984 年成立。它成立的目的是编制和管理恒生指数体系，属于香港市场具有领导地位的指数公司，是全球著名的区域性指数编制公司之一，它编制的指数涵盖香港和内地市场。恒生指数公司的旗舰指数——恒生指数于 1969 年发布，在国际上享有较高的威望，是衡量香港股票市场的主要指标。

恒生指数公司拥有超过 400 个指数，包括恒生中国企业指数、恒生中国 H 股金融行业指数、恒生综合指数、恒生综合行业指数、恒生流通指数等一系列指数，涵盖不同类别的资产和投资主题。截至 2018 年 6 月 30 日，全球共有 70 只与恒生指数系列挂钩的交易所指数基金，分布在全球 16 个不同的交易所，对应的总资产规模超过 280 亿美元。

三、如何查询指数信息

（一）指数信息包括哪些内容

除市场行情数据外，指数信息还包含指数从开发到维护的各项完整细则。通常情况下，每个指数都有对应的指数信息，包括指数简介、指数代码、基准日期、基点、指数编制方案、成份股名单、指数区间收益率、行业权重、成份股权重、定期和临时调整样本股和成份股的方案、历史调整数据、指数估值等，这些内容通常由指数开发商负责设计、维护和公布。

指数编制方案是上述各项指数信息中最关键的一部分，编制规则直接决定指数的质量，也是投资者挑选指数的焦点所在。一般而言，指数编制规则包括样本空间的分布、基准日期与基点、选样方法、指数计算公式、指数成份股的权重调整策略、定期和临时调整样本股方案等。

（二）指数信息的查询渠道

投资者可通过同花顺、大智慧等常见的行情软件获取指数的实时行情及历史行情，但有些软件并不直接提供完整的指数信息。投资者可以向指数开发商或指数开发商授权的资讯代理商索要这些信息，通常也可以在指数开发商的官网上获取指数的完整信息，国内外常见的指数开发商官方网站如表 2-9 所示。

表 2-9 部分境内外指数开发商官方网站

按 地 域	指数开发商	查 询 网 站
境内	中证指数	www.csindex.com.cn
	深证 / 国证指数	www.cnindex.com.cn
	申万指数	www.swsindex.com
	中华交易服务系列指数	www.cesc.com/sc/index.html
	上交所上证系列指数	www.sse.com.cn/market/overview
境外	标普道琼斯中国	chinese.spindices.com
	MSCI（明晟）	www.msci.com/zh/index-solutions
	富时罗素	www.ftserussell.cn
	STOXX（斯托克）	www.stoxx.com
	香港恒生指数	www.hsi.com.hk

四、从编制规则的差异中挑选合适的指数

不同的指数编制方案有所差异，编制方案的好坏决定了指数的命运，优秀的编制规则和选样方法会让指数保持优秀的收益，如何根据指数编制规则的差异挑选合适的指数显得尤为关键。

（一）巧用样本空间

指数开发商在编制指数时，通常会对拟开发的指数设计样本空间。指数的样本空间是指初步符合指数开发特定条件的股票池。可以将样本空间理解为一个股票自选池，符合指数编制初步条件的股票会被纳入这个池子中。之后，指数开发商再次通过选取该样本空间内的全部或部分满足某些特定要求的股票作为指数的成份股。因此，确定样本空间的范围是挑选指数的第一步工作。

指数的成份股数量越接近样本空间股票总量，该指数越难获得超额收益。通常而言，当成份股的数量接近样本空间内的全部股票数量时，该指数的表现将等同或近似于全市场的平均收益。这种指数一般

以综合指数或规模较大的宽基指数为代表,如上证 A 股指数(指数代码:000002)、中证全指指数(指数代码:000985)。

适当的样本空间与因子暴露(因子暴露指对某个特定的条件进行挖掘和展示,企图尽可能多地获得与该特定条件相关的收益)有利于获取超额收益。如果指数的成份股近乎等同于该指数的样本空间的总量(样本空间内包含了正常股票、ST 股票、暂停上市的股票、刚刚上市交易的股票以及存在违法违规行为的股票等),好公司与差公司全部包含在内。若排除部分问题公司,把样本空间内的股票按照一定的因子进行暴露,并择优选取少部分满足该因子条件的优秀公司,此时该指数便具备了一定的准入门槛。只有少数满足条件的公司才有"资格"成为指数的成份股,而市场上的资金总会追逐在某方面十分优秀的公司,也就更容易获得超额收益。

表 2-10 直观地展示了上证 A 股指数和上证 380 指数在样本空间与因子暴露中产生的超额收益的差异。

表 2-10 上证 A 股指数与上证 380 指数选样方法对比

指数名称	上证 A 股指数	上证 380 指数
指数代码	000002	000009
基准日期	1990 年 12 月 31 日	2003 年 12 月 31 日
可比区间	2003 年 12 月 31 日至今	
基点	1 000	1 000
样本空间	上海证券交易所上市的全部 A 股公司	在上证 180 指数的样本空间基础上剔除以下公司: (1)上证 180 指数成份股; (2)最新一期财务报告中未分配利润为负的公司; (3)成立 5 年以上且最近 5 年未派发现金红利或送股的公司
选样方法	剔除样本空间内暂停上市、退市的沪市 A 股公司,以总市值因子计算指数	(1)计算样本空间股票营业收入增长率、净资产收益率、成交金额和总市值的综合排名。 (2)按照二级行业的自由流通调整市值比例分配样本个数。具体计算方法:第 i 行业样本配额 = 第 i 行业所有候选股票自由流通调整市值之和 ÷ 样本空间所有候选股票自由流通调整市值之和 × 380。 (3)按照行业的样本分配个数,在二级行业内选取综合排名最靠前的股票

续表

指数名称	上证 A 股指数	上证 380 指数
样本空间特征	好坏不分，基本全覆盖	剔除业绩为负且不重视投资者回报的公司
暴露因子	总市值	营业收入增长率、净资产收益率、成交额（流动性）、自由流通调整市值

资料来源：中证指数有限公司。

从表 2-11 可以很明显地看出上证 A 股指数与上证 380 指数在样本空间、选样方法层面的差异。上证 A 股指数的样本空间仅剔除少部分暂停上市及退市的沪市上市公司，好坏不分，基本涵盖了上海证券市场全部的股票。上证 380 指数在此基础上还重点关注了公司的业绩，侧重投资者回报，力求获得资产质量更好的上市公司。

表 2-11　上证 A 股指数与上证 380 指数历史收益率
（以价格指数作为统计口径）

单位：%

时 间 区 间	累计收益率		年化收益率	
	上证 A 股指数	上证 380 指数	上证 A 股指数	上证 380 指数
2005-01—2007-12	323.09	411.33	61.73	72.27
2005-01—2009-12	163.40	345.68	21.37	34.83
2005-01—2014-12	159.71	473.81	10	19.09
2005-01—2018-12	100.1	354.88	5.08	11.43

资料来源：Choice。

从选样方法中可以看出，两个指数的条件因子暴露差异较大，上证 A 股指数仅以总市值因子作为计算依据，而上证 380 指数则剔除了限售部分的股本量，采用自由流通调整市值，更加有参考意义。不仅如此，上证 380 指数还在市值因子的基础上纳入营业收入增长率、净资产增长率及流动性因子（成交额），相当于从基本面、交易量、规模等多个维度去评价指数的资产质量，显而易见，这样的评价要比单纯的市值因子评价更加客观、立体。

如此一来，两个指数的走势截然不同。图 2-2 和表 2-11 展示了上证 A 股指数与上证 380 指数的长期走势分化情况。从可比区间的走势看，2005 年 1 月至 2018 年 12 月，上证 A 股指数累计收益率为

100.1%，同期上证 380 指数收益率则达到 354.88%，同期上证 A 股指数与上证 380 指数的年化收益率分别为 5.08%、11.43%，差距相当大。

如果以 2005 年 1 月为基期算起的话，前三年、前五年、前十年，两个指数的年化收益率均不在一个层级。2005 年 1 月至 2008 年末，两个指数的收益率差距并没有过于悬殊，2009 年后，上证 380 指数与上证 A 股指数的收益率差距越来越大。相对于上证 A 股指数而言，上证 380 指数的编制方案经得起时间的检验，长期超额收益更为明显。

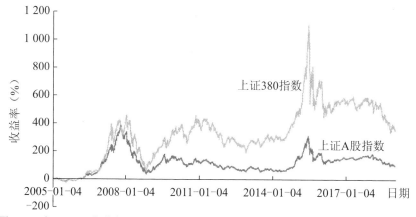

图 2-2　上证 A 股指数与上证 380 指数历史走势（数据截至 2018 年 12 月 31 日）
数据来源：Choice。

上证 A 股指数与上证 380 指数的案例生动地说明，若能巧用指数样本空间的编制差异以及适当的因子暴露，收益率将会有质的提升。虽然超额收益在短期内的差距并不明显，若将时间拉长，优秀的公司会脱颖而出。通过更加科学、客观的编制策略，指数可以反映出优秀公司的价值，长期的超额收益也会更加明显。

关于样本空间，虽然每个指数可能都会有不同的样本量，尽量避免选择覆盖全市场股票以及对股票不予任何筛选条件的指数，这样的指数上涨很慢，或许仅能跑赢通货膨胀，很难实现财富的保值增值。

（二）选样方法越细化，因子收益越明显

指数编制如同雕艺，需要先选好毛坯件，然后在毛坯的基础上精雕细琢，最后才能刻出精美的艺术品。确定样本空间如同选择毛坯，剩下的工作便是精雕细琢，也就是指数选样方法的设计。

上证 A 股指数几乎覆盖了上海证券交易所的大部分上市公司，编制规则也十分简单，指数的收益只能来自市场系统性机会的推动，无法获得非常可观的超额收益。上证 380 指数因为不同的样本空间筛选规则以及细化的因子暴露，差异化的选样方法令上证 380 指数相对上证 A 股指数的超额收益十分明显。指数的超额收益来自对指数的精挑细选，选样方法越清晰、细化，指数对因子的反应就越明显，越能突出指数开发商的目标。

市场上存在许多相似的指数，其编制出发点都是为了突出某些特征，从而更好地跟踪具备这些特征的底层资产的长期表现，如红利主题指数、新能源汽车主题指数、环保主题指数、医药行业指数等。即便是同一个主题，不同的编制规则都可能导致指数走势出现差异，如果把时间拉长，差异会越来越大。

以 A 股红利主题指数为例，常见的有三个红利主题指数：上证红利指数（以下简称"红利指数"）、中证红利指数和深证红利指数。从表 2-12 可以看出，虽然三个指数都是反映股息红利这个投资主题，但是三个指数的编制规则存在不小的差异，最终导致三个指数的长期走势出现分化。

表 2-12 红利指数、中证红利与深证红利的编制规则

指数名称	红利指数（000015）	中证红利（000922）	深证红利（399924）
基期	2004 年 12 月 31 日	2004 年 12 月 31 日	2002 年 12 月 31 日
基点	1 000	1 000	1 000
可比区间	2004 年 12 月 31 日以后		

指数名称	红利指数（000015）	中证红利（000922）	深证红利（399924）
样本空间	上证红利指数的样本空间由满足以下条件的沪市A股股票构成：（1）过去两年（定期调整时为过去一年）连续现金分红且每年的税后现金股息率均大于0（定期调整时须大于0.5%）；（2）过去一年日均总市值排名在沪市A股的前80%（定期调整时须为90%）；（3）过去一年日均成交金额排名在沪市A股的前80%（定期调整时须为90%）	中证红利指数的样本空间由满足以下条件的沪、深A股构成：过去两年（定期调整时为过去一年）连续现金分红且每年的税后现金股息率均大于0（定期调整时须大于0.5%）；过去一年内日均总市值排名在全部A股的前80%（定期调整时须为90%）；过去一年内日均成交金额排名在全部A股的前80%（定期调整时须为90%）	深证红利指数的样本空间由满足以下条件的深市A股构成：（1）非ST（指被进行特别处理股票）、*ST（指被进行退市风险警示的股票）的A股；（2）考察期内股票价格无异常波动；（3）稳定的分红——最近三年里至少有两年实施了分红，其中包括现金分红和股票股利；（4）分红具备一定的价值——在最近三年里，股息率（每股分红/最近一年内经复权调整的股价）至少有两年的市场排名进入前20%；（5）流动性保证——近半年内日均成交额大于500万元
选样方法	对样本空间内的股票，按过去两年的平均税后现金股息率由高到低排名，选取排名在前50名的股票作为指数成份股	对样本空间内的股票，按过去两年的平均税后现金股息率由高到低排名，选取排名在前100名的股票作为指数成份股	将备选股票按照以下条件进行加权排名：（1）前三年累计分红金额占深市上市公司分红金额比重的50%；（2）最近半年日均成交金额占深市比重的50%。并考虑经营状况、现金流、公司治理结构、防止偶发性分红等综合因素后，选取排名在前40名的股票作为指数成份股

资料来源：中证指数有限公司、深圳证券信息有限公司指数事业部。

无论是样本空间的设计，还是选样方法的设计，深证红利在三个指数中都是最细化的。

首先，对于可能存在异常问题的公司，深证红利的样本空间筛选规则更明确，ST 股、*ST 股以及股价异常波动的股票，均无法纳入深证红利的样本空间，而红利指数和中证红利的编制规则中并没有明确这一点，因此红利指数和中证红利存在把即将退市的公司纳入样本空间的风险。虽然进入样本空间的样本股最终未必会被选为指数的成份股，但由于红利指数与中证红利采用股息率加权，不考虑基本面因子，只要某个年份突然大额派发现金分红，即便是差公司也存在被纳入成份股的可能，合理性欠妥。

其次，从样本股分红稳定性的角度来评价，一家公司在短期内突然大额派发股息，其股息收益率在短期内会迅速提升，这种行为并不代表该公司具备稳定、可持续的分红能力，也有可能是某个年度的偶发行为。偶发行为的背后有可能是大股东着急套现，碍于不方便直接减持股票而通过分红来变相完成套现；也可能是公司的盈利或现金流在某个年度突然改善，但业绩改善未必具有可持续性。因此，投资者需要将时间期限拉长，观察该公司是否具备可持续分红能力。

从样本股分红的考察时间看，深证红利样本股的考察时间为 3 年，不仅对样本股的相对指标（股息率）作出要求，对分红的绝对值（分红金额）也有明确的要求。从分红方式看，既考虑现金分红，也考虑股票股利，这样做的好处是尽可能地保证将有持续稳定分红能力的企业留在样本空间内。然而，红利指数和中证红利仅考察税后股息率指标，仅有现金分红，未将股票股利纳入筛选范围，考察时间也仅有 2 年。股息的稳定性方面，上证红利与中证红利的规则不如深证红利。

最后，从基本面角度来评价，红利指数与中证红利仅考虑税后股息率，并没对其他基本面条件进行因子暴露。而深证红利还考虑到现金流、公司的经营状况以及治理结构，并将恶意高分红（如恶意高送转）挡在门外，样本股的资产质量更加优质，具体的规则如表 2-13 所示。

表 2-13 红利指数、中证红利和深证红利的编制规则差异

项 目	红利指数	中证红利	深证红利
是否剔除 ST 股	×	×	√
是否考虑股价异常波动	×	×	√

续表

项　目	红利指数	中证红利	深证红利
分红方式	现金股利	现金股利	现金股利、股票股利
分红指标	股息率	股息率	股息率、分红绝对值
首次入样考虑年限（年）	2	2	3
是否考虑恶意分红	×	×	√
是否考虑分红稳定性	×	×	√
是否考虑分红金额	×	×	√
是否考虑基本面	×	×	√
暴露因子	税后现金股息率、日均总市值、日均成交额	税后现金股息率、日均总市值、日均成交额	股价异常波动情况、股息率（含现金股利股票股利）、日均成交额、公司经营状况、现金流、公司治理结构、恶意高送转

资料来源：中证指数有限公司、深圳证券信息有限公司指数事业部。

由此可知，红利指数、中证红利、深证红利三个指数的走势出现分化是必然的。以图 2-3 为例，从 2006 年初至 2019 年一季度末，上证红利累计收益率为 209.13%，中证红利累计收益率为 381.55%，深证红利的收益率优势远超这两个指数，累计收益率达到 624.82%。

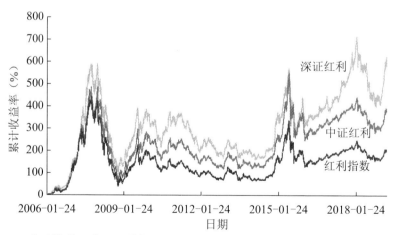

图 2-3　红利指数、中证红利与深证红利走势对比（数据截至 2019 年一季度末）
　　资料来源：Choice。

编制规则的微小差异换来的是不一样的命运，这说明指数编制规则越明晰、细化，因子收益越明显。

指数的编制规则有千万种，却并没有一种十全十美的方案，笔者也不建议投资者评价单个指数规则的好坏，这很困难，更建议投资者将两个或者多个指数放在一起进行横向评价，好坏是在对比中产生的。

当把相似或相同特征的指数进行横向对比时，指数之间往往有比较明显的规则差异，投资者需要做的是尽可能挑选编制规则更明确、更容易量化、规则更细致的指数。通过各种硬性指标筛选，可将质量较差的公司直接剔除在外，让指数具备优胜劣汰的功能。编制规则不够细致的指数，容易令质量较差的公司也混入其中，指数走势在短期内不一定产生分化，经日积月累后，差距会十分明显。

（三）成份股集中度是一把双刃剑

指数开发商在制定指数编制规则后，相应地会产生一批符合条件的成份股，应该给每只成份股多大的比例，就涉及成份股权重的话题。成份股的权重指股票市值占整个指数所有成份股市值总和的比例，市值可以是总市值，也可以是自由流通市值，具体要看指数开发商的编制规则。

业内一般用"集中度"来评价成份股的权重分布，"集中度"又可以分为行业集中度和个股集中度，其中，个股集中度通常采用前十大成份股占比来说明。

行业集中度是指成份股中具备相同或相似行业的市值总和占指数所有成份股市值总和的比例，比例越高，说明该指数越具有某类行业的属性，指数受该行业的影响也越大。

个股集中度通常可以用来反映该指数受部分股票影响的程度，前十大成份股的权重越高，指数受这10家公司股价走势的影响就越大。

成份股的集中度是一把双刃剑。当市场存在结构化行情时，只有部分行业和个股走出牛市，如果指数配置了该部分板块的股票并且行业集中度与个股集中度都很高，此时投资者可通过购买跟踪该指数的指数基金享受结构化牛市的收益，这是高集中度带来的好处。

但俗话说"人无千日好，花无百日红"，除非结构化行情长期持续，否则在市场下跌期间，指数会因为个股权重过高而受到拖累。为更均衡地配置资产，尽可能客观地反映市场综合表现，指数开发商有时会在设计指数时对行业权重和个股权重划定上限。

以表 2-14 中两个"50 指数"为例，基本面 50 和央视 50 两个指数设计的目的都是反映沪、深两市最优质的 50 家公司的股价表现。它们都有各自的选样方法，但不同的是，基本面 50 指数没有对行业权重和个股权重设定上限，而央视 50 指数对行业权重和个股权重均设定了最高比例，以此来达到均衡配置资产的目的。

表 2-14　基本面 50 和央视 50 行业权重分布（数据截至 2019 年 6 月 30 日）

	基本面 50	央视 50
行业权重	无上限	设置"创新、成长、回报、治理、责任"5 个维度，每个维度的初始权重相等，均为 20%
个股权重	无上限	在每个维度内，按照自由流通市值分配权重，单只股票占其所属维度的权重上限为 30%，即指数内单只股票权重最高不超过 6%

资料来源：中证指数有限公司、深圳证券信息有限公司指数事业部。

基本面 50 指数没有对行业和个股的权重作任何设置，而央视 50 指数的成份股被分成了 5 个维度，每个维度的初始权重等于 20%。在定期调整成份股时，每个维度内单只股票的权重不超过该维度的 30%。也就是说，在定期调整成份股时，单只股票占指数的权重最高不超过 6%（定期调整后，由于成份股股价波动造成其权重上升的情况不在考虑范围内）。

截至 2019 年 6 月 30 日，基本面 50 指数成份股的第一大行业为金融地产，占比 58.86%。从表 2-15 中可以看到，央视 50 指数成份股的第一大行业为金融行业，但占比仅有 27.69%，即便加上房地产行业，也不过只有 31.07%，指数对金融股及地产股的依赖程度较低。金融、消费（包含主要消费、可选消费）、信息技术三个行业在央视 50 指数的比重较高，央视 50 指数的行业分布和公司分布没有出现一家独大的局面，相对于基本面 50 指数更加均衡。

表 2-15　基本面 50 和央视 50 行业权重分布（数据截至 2019 年 6 月 30 日）

	基本面 50（%）		央视 50（%）	
第一大行业	金融地产	58.86	金融	27.69
第二大行业	工业	14.26	主要消费	19.89
第三大行业	可选消费	9.55	信息技术	17.59
第四大行业	能源	6.69	可选消费	16.03
第五大行业	公用事业	3.64	医药卫生	7.83
第六大行业	原材料	2.66	电信业务	4.14
第七大行业	主要消费	2.66	房地产	3.38
第八大行业	电信业务	1.68	工业	2.13
第九大行业	—	—	能源	1.32
合计	—	100	—	100

资料来源：中证指数有限公司、深圳证券信息有限公司指数事业部。

表 2-16 和图 2-4 直观地说明了基本面 50 指数与央视 50 指数在成份股权重比例层面的差异。基本面 50 指数前十大股票中有 7 只金融股，以银行股为主，央视 50 相对均衡。虽然央视 50 指数前十大股票的权重比例超过基本面 50，但前十大权重的行业分布以消费、金融和信息技术为主，降低了底层资产过于单一的风险。

表 2-16　基本面 50 和央视 50 前十大权重股（数据截至 2019 年 6 月 30 日）

基 本 面 50			央 视 50		
股票名称	所属行业	权重（%）	股票名称	所属行业	权重（%）
中国平安	金融	9.33	贵州茅台	主要消费	7.22
兴业银行	金融	5.69	中国平安	金融	7.02
中国建筑	工业	4.98	伊利股份	主要消费	6.96
招商银行	金融	4.68	兴业银行	金融	6.20
交通银行	金融	4.52	格力电器	可选消费	5.35
民生银行	金融	3.94	美的集团	可选消费	5.15
农业银行	金融	3.42	海康威视	信息技术	4.53
中国石化	能源	3.38	民生银行	金融	4.09
上汽集团	可选消费	3.37	工商银行	金融	3.64
浦发银行	金融	3.18	科大讯飞	信息技术	3.57

资料来源：中证指数有限公司、深圳证券信息有限公司指数事业部。

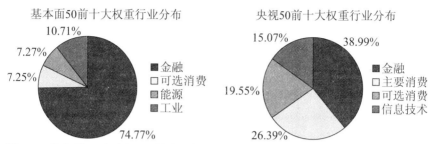

图 2-4　基本面 50 和央视 50 前十大权重行业分布（数据截至 2019 年 6 月 30 日）

资料来源：中证指数有限公司、深圳证券信息有限公司指数事业部。

　　自 2010 年 7 月 1 日至 2019 年 6 月 30 日，基本面 50 指数的累计涨幅为 100.62%，央视 50 指数的累计涨幅为 165.08%，比基本面 50 指数的超额收益多出 64 个百分点。具体分段看，由于过分依赖银行股，基本面 50 指数在 2011 年至 2014 年上半年期间表现相对低迷，那段时期银行股等蓝筹股被投资者视为"大烂臭"，股价低迷且长期破净，拖累了基本面 50 指数的表现。2016 年后 A 股市场上演蓝筹股行情，银行股涨幅较好，推动基本面 50 指数上涨。与此同时，包括白酒、家电、家居等消费领域的蓝筹股表现同样优秀，可选消费和主要消费的权重合计约占央视 50 指数的 1/3 左右，金融股也同样占 1/3 左右，此时央视 50 的表现甚至比基本面 50 还要好，具体如图 2-5 所示。

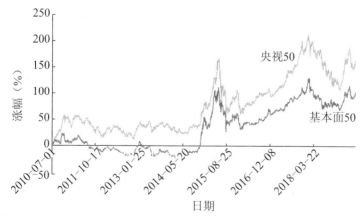

图 2-5　基本面 50 和央视 50 走势对比（数据截至 2019 年 6 月 30 日）

资料来源：Choice。

　　本案例通过举例来阐述成份股集中度过高可能造成的影响，但并非建议投资者远离权重高度集中的指数，由于没有对指数的成份股进行权重划分从而导致指数过于依赖某类资产有时也并非坏事。成份股较为集中的指数，其底层资产被错杀，导致指数不正常地被低估。此时买入那些成份股被低估且集中度较高的指数，安全边际更大，反而是一件好事，也就意味着如果未来估值修复，指数的上涨可能是报复性的，收益率也可能更高。

　　作为普通投资者，我们应该选择成份股权重均衡的指数还是成份股集中度较高的指数呢？笔者认为需要结合每个投资者的投资风格，没有孰优孰劣之说。

　　若对某个领域深有研究或特别喜欢，或者某类股票出现深度低估，专门追踪这类股票的指数没有对成份股权重划定上限，投资者可购买专门追踪这类指数的指数基金。同时，要做好判断失误就没有超额收益的心理准备，时刻谨记成份股集中度过高是一把双刃剑。

　　对于投资风格为相对均衡、雨露均沾型的投资者，成份股集中度较低、行业分布相对均衡的指数或许更合适。

（四）指数也分贵贱，便宜才是硬道理

　　贱买贵卖，向来是投资者梦寐以求的美好事情，指数投资同样如此。这里所指的"贵"与"贱"，并非带有褒贬的评价，而是估值的高低。若把一个股票指数想象成一家企业集团，那么指数的成份股便是这家集团的子公司。每家子公司经营的好坏决定了集团业绩的高低。子公司业绩越好，为集团贡献越多，集团的业绩自然也就越好。

　　由此可见，集团的估值将取决于每家子公司估值的加权平均，指数的估值同样也取决于成份股估值。投资指数与投资股票相似，同样需要考虑估值高低，在低估的时候买入、高估的时候抛出，才能获得较好的投资回报。

　　笔者选取沪深 300 与中证 500 两个极具代表性的宽基指数来印证

上述观点。为避免部分年份的盈利异常波动对估值产生影响，我们以市净率（P/B）作为相对估值指标，以买入持有 1 年和买入持有 3 年两个周期为例，对 4 张散点图的数据进行线性回归分析。如图 2-6 至图 2-9 所示，所有的散点图均呈现从左上方向右下方倾斜式分布的特征，指数的市净率越高，买入后越容易发生亏损。

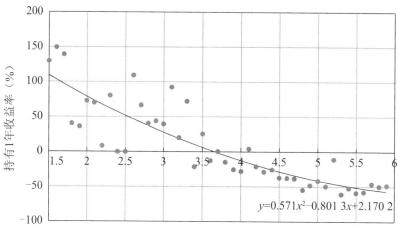

图 2-6　中证 500 指数市净率（P/B）与买入持有 1 年对应的收益率

数据来源：Choice。

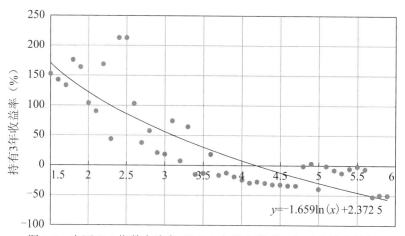

图 2-7　中证 500 指数市净率（P/B）与买入持有 3 年对应的收益率

数据来源：Choice。

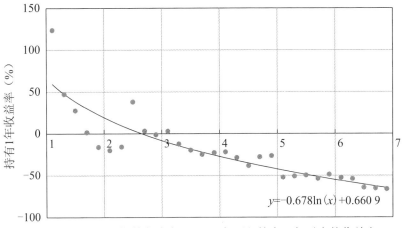

图 2-8　沪深 300 指数市净率（P/B）与买入持有 1 年对应的收益率

数据来源：Choice。

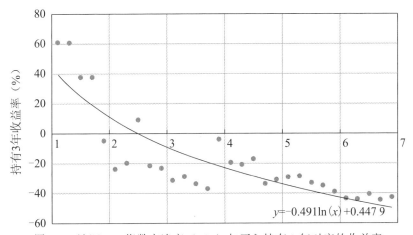

图 2-9　沪深 300 指数市净率（P/B）与买入持有 3 年对应的收益率

数据来源：Choice。

　　从数据表征情况来看，市净率越低，正收益率越高。中证 500 指数在市净率 3.0 以下时，买入持有 1 年和买入持有 3 年均有较大概率获得正收益。沪深 300 指数在市净率 2.0 以下时，买入持有 1 年和买入持有 3 年，获得正收益的概率越高。而两个指数在市净率超过 5.0 后，买入持有 1 年和买入持有 3 年要获得正收益的可能性微乎其微。所有数据均指向同一个结论：当指数的市净率越低时进行投资，越容易获得正收益，买得便宜才是硬道理。

既然如此，应该如何挑选被低估的指数？这个问题背后涉及的信息量、专业知识非常庞大，若要有理有据地写完，恐怕这本书的篇幅将无法胜任，当然也不是这本书的重点。建议采用相对简易且实用的方法来挑选低估的指数，以下几种方法是市场中较为常见的方法，可供参考。

（1）指数点位法

指数点位法是一个相对简单直接且不那么专业的方法，它以指数点位作为观察对象，点位越高默认估值越高，点位越低默认估值越低，如上证指数 6 000 点估值很高，在 2 000 点时估值很低。

这种方法的优点是简单明了，适合刚入门的投资者，它默认指数的成份股业绩保持稳步增长，因此点位即代表股价，也代表估值。

这种方法的缺点是指数的成份股是不断变化的，成份股的业绩波动也不是一成不变地增长，因此点位法的局限性较为明显，建议将此作为一个相对简单的观察指标即可。

（2）市盈率法

市盈率是股价与每股收益的比值，或市值与净利润的比值，也称为“本益比”。它的含义是如果以目前这一阶段的盈利水平进行投资，这项投资经过企业多久的经营之后可以回本。市盈率越低，代表这项投资的回本周期越短，估值越便宜，反之，市盈率越高则代表这项投资的回本周期越长，估值越高。相对应地，由于指数是由众多的成份股组成，成份股的市值之和与净利润之和的比值就是指数的市盈率。

这种方法的优点是简单明了，指数由一揽子股票组成，单只股票的市盈率异常波动对指数的影响较低，因此相对于个股市盈率，指数市盈率通常具有较好的参考性。

缺点是如果大批量成份股业绩在短期内出现异常波动，指数市盈率有可能会失真。如中证传媒指数，由于在 2014—2016 年，很多传媒公司进行大量的并购，产生了巨额商誉，在 2018 年集中计提了商誉*减值，导致指数市盈率在次年年报披露期过后出现异常波动，此时市盈率的参考意义下降。

市盈率法通常适用于经营较为稳健的行业，其短期业绩波动一般不大，如必要消费行业、公用事业、步入成熟发展阶段的工业制造业、医药行业等，对于周期性较强的行业市盈率，有时候容易失真，如汽车行业、钢铁煤炭行业、证券行业、传媒行业等。

（3）市净率法

指数市净率法是所有成份股的市值之和与净资产之和的比值，与市盈率法不同的是，市净率法是以某个时间点（资产负债表日）的财务状况（净资产）为基础，而非某个时期的经营成果（净利润），是一种相对静态的估值方法。

市净率法以成份股的净资产为基础，而净资产的波动相对净利润而言更为稳定，相对不那么容易失真。市净率法一般适用于有一定资产规模的行业，而轻资产行业往往较少采用这种估值方式，如互联网广告行业、游戏行业、影视行业等。

（4）相对估值百分位法

相对估值百分位法是近年来逐渐兴起的一种估值方式，其以某种估值方法作为基础，如市盈率、市净率等，然后依据指数的市盈率或市净率的历史数据，在此基础上评估当期的估值水平在历史所有估值中的百分位，是一种"自己与自己比较"的估值方法。比如市盈率10%分位，指当前的市盈率在历史上仅处于前10%的位置，即相比历史上90%的时候都要低，百分位越低，估值越低。

相对估值百分位法的优势是简单易懂，而且实用性较强，也很直观。但相对估值百分位法的缺陷也非常明显，对于成立时间较晚的指数，由于缺乏足够丰富的数据沉淀，估值分位容易失真，不具备较强的参考意义。

建议在成立时间较长的指数上采用这种方法更具有参考意义，就

---

* 商誉通常是公司并购时，支付的对价超出被并购公司账面价值的溢价部分。会计准则规定上市公司每年需要对商誉进行减值测试，商誉的减值会导致当期利润减少。

个人经验而言，指数的运行时间最好在 10 年以上或至少经历一轮牛熊周期。估值分位法可以通 Excel 的 percentile 函数快速求得，具体不再展开。

（五）价格指数与全收益指数的区别

按照成份股的分红是否再投资，股票指数可以分为价格指数与收益指数，其中，收益指数又分为全收益指数与净收益指数。

价格指数与收益指数的差别体现在成份股的分红派息处理方式上。价格指数反映成份股价格波动情况，指数成分股进行分红派息后，价格指数不作修整任由其回落。收益指数则是将成份股的分红进行再投资，并将再投资的收益计入指数，即以原成份股组合所得到的现金分红再投资到原有的成份股中，所获得的收益与原组合的收益一起，构成收益指数的额外收益。全收益指数是将上市公司的分红全部进行再投资，而不考虑税收的影响；净收益指数则是在全收益指数的基础上将剔除税收后的分红进行再投资。从指数内涵来看，全收益指数能更加全面地反映指数内一揽子股票的真实表现，相对于净收益指数而言应用更多。

也就是说，若不考虑分红，价格指数与全收益指数的回报率是相同的，但如果成份股出现分红，情况就不一样了。为更加清晰地展示价格指数与全收益指数由于分红派息处理方式导致的差异，我们以具体案例来分析。

如表 2-19 所示，假设有甲、乙、丙三只股票，其调整股本数分别为 1 000 股、2 000 股和 500 股，初始收盘股价分别为 2 元、4 元和 5 元，初始调整市值分别为 2 000 元、8 000 元和 2 500 元。

调整股本指的是指数编制方案中对纳入计算市值的股本量按照一定的规则进行调整，调整后的股本量乘以股价可得出调整市值。在表 2-17 中，我们将调整市值加总构成指数的报告期总调整市值，报告期总调整市值再除以基期总调整市值，可得出一个比率，该比率乘以基期点位即可得出指数盘中的实时点位，如表 2-18 所示。

第一天（初始状态）：

表 2-17　股票甲、乙、丙初始调整市值

成份股	调整股本（股）	股价（元/股）	调整市值（元）	总调整市值（元）
股票甲	1 000	2	2 000	
股票乙	2 000	4	8 000	12 500
股票丙	500	5	2 500	

表 2-18　指数初始收盘点位

序　号	项　目	数　值
A	报告期总调整市值（元）	12 500
B	基期总调整市值（元）	12 500
C	基期点位	1 000
D=C×（A/B）	指数收盘点位	1 000

第二天：

假设三只股票在第二天均出现上涨，涨幅均为 10%，并且不存在分红派息。通过计算，得出三只股票在第二天的总调整市值为 13 750 元，如表 2-19 所示。此时价格指数和全收益指数的点位和收益率也没有发生变化，具体见表 2-20 和表 2-21。

表 2-19　三只股票涨幅 10% 并且不存在分红时的调整市值

成份股	调整股本（股）	股价（元/股）	调整市值（元）	总调整市值（元）
股票甲	1 000	2.2	2 200	
股票乙	2 000	4.4	8 800	13 750
股票丙	500	5.5	2 750	

价格指数表现见表 2-20。

表 2-20　价格指数在三只股票上涨 10% 时的收益率

序　号	项　目	数　值
A	报告期总调整市值（元）	13 750
B	基期总调整市值（元）	12 500
C	基期点位	1 000
D=C×（A/B）	价格指数收盘点位	1 100
E=（D/C-1）×100%	价格指数收益率	10%

全收益指数表现见表 2-21。

表 2-21　全收益指数在三只股票上涨 10% 时的收益率

序　号	项　　目	数　　值
A	报告期总调整市值（元）	13 750
B	基期总调整市值（元）	12 500
C	基期点位	1 000
D=C×（A/B）	全收益指数收盘点位	1 100
E=（D/C-1）×100%	全收益指数收益率	10%

由此可见，由于不存在分红派息，价格指数与全收益指数的基期总调整市值、报告期总调整市值均未发生改变，因此收盘指数点位表现也一致，此时价格指数收益率与全收益指数收益率是相同的。

第三天：

假设在第三天时，三只股票的涨跌幅均为 0。其中，股票乙进行了现金分红，每股派息 0.5 元，当日即为除息日。

此时情况发生了改变，由于价格指数对成份股的分红不作处理，分红派息部分的收益将被指数剔除出去，股价和指数自然回落。此时，价格指数按照成份股除息后的股价计算报告期总调整市值，然而基期总调整市值依旧维持原样。全收益指数则不同，报告期的总调整市值发生改变后，基期的总调整市值也会同比例地发生改变，把分红派息的那部分收益通过这种方式纳入进来再投资。由此造成的差异是：价格指数的分子（报告期总调整市值）变小了，但分母（基期总调整市值）依旧维持原样，导致价格指数的点位变低，拉低了收益率。而全收益指数的分母分子同时发生改变，只要指数上涨，其与价格指数的收益率差值将会迅速扩大，长期看这种差异会越来越大。

如表 2-22 至表 2-24 所示，当指数成份股中的股票乙发生派息时，派息当日（第三天）股价没有发生涨跌，但价格指数的收益率迅速回落至 2%。而全收益指数将股票乙分出去的股息再次放进来，调整了分子与分母，使得收益率依旧维持在 10%，单纯由于分红派息而非股价波动造成的收益率差异就扩大了 8 个百分点。

表 2-22　股票乙每股派息 0.5 元时的总调整市值变化情况

成份股	调整股本（股）	股价（元／股）	调整市值（元）	总调整市值（元）
股票甲	1 000	2.2	2 200	
股票乙	2 000	4.4-0.5=3.9	7 800	12 750
股票丙	500	5.5	2 750	

分红派息时价格指数收益率见表 2-23。

表 2-23　股票乙每股派息 0.5 元时的价格指数表现

序　号	项　目	数　值
A	报告期总调整市值（元）	12 750
B	基期总调整市值（元）	12 500
C	基期点位	1 000
D=C×（A/B）	价格指数收盘点位	1 020
E=（D/C-1）×100%	价格指数收益率	2%

分红派息时对报告期数据与基期数据进行修正后的全收益指数收益率见表 2-24。

表 2-24　股票乙每股派息 0.5 元时的全收益指数表现

序　号	项　目	数　值
A	修正前报告期总调整市值(元)	13 750
B	修正后报告期总调整市值(元)	12 750
C	原基期总调整市值（元）	12 500
D=C×（B/A）	新基期总调整市值（元）	11 590.91
E	基期点位	1 000
F=E×（B/D）	全收益指数收盘点位	1 100
G=（F/E-1）×100%	全收益指数收益率	10%

第四天：

假设在第四天时，三只股票跌幅均为 5%。如表 2-25 至表 2-27 所示，由于依然沿用原有的基期总调整市值，价格指数的收益率已经变为 -3.1%，全收益指数由于采用了新的基期数据，此时依旧保持 4.5% 的正收益。

表 2-25　第四天三只股票均下跌 5% 时的总调整市值

成份股	调整股本（股）	股价（元／股）	调整市值（元）	总调整市值(元)
股票甲	1 000	2.09	2 090	
股票乙	2 000	3.705	7 410	12 112.5
股票丙	500	5.225	2 612.5	

表 2-26　第四天三只股票均下跌 5% 时的价格指数表现情况

序　号	项　目	数　值
A	报告期总调整市值（元）	12 112.5
B	基期总调整市值（元）	12 500
C	基期点位	1 000
D=C×（A/B）	价格指数收盘点位	969
E=（D/C-1）×100%	价格指数收益率	-3.1%

表 2-27　第四天三只股票均下跌 5% 时的全收益指数表现情况

序　号	项　目	数　值
A	报告期总调整市值（元）	12 112.5
B	新基期总调整市值（元）	11 590.91
C	基期点位	1 000
D=C×（A/B）	全收益指数收盘点位	1 045
E=（D/C-1）×100%	全收益指数收益率	4.5%

由此，我们知道了价格指数与全收益指数在处理方式上的差异，分子报告期总调整市值由于分红的原因变小了，且没有对基期数据同步进行调整，日积月累后，价格指数很容易跑输全收益指数。

通常情况下，指数基金由于直接持有成份股或 ETF 份额，成份股的分红会计入基金净值，如果指数基金不进行分红，这部分股息收益将会进行再投资。指数基金的收益率通常会高于价格指数的收益率，这是很多投资者无法理解的完全复制型指数基金为何能够跑赢价格指数的原因。由于指数基金通常无法以 100% 的仓位运行，需要持有部分现金或现金等价物来应对投资者申购、赎回，而且基金存在运作费用，因此基金净值无法完全跟上全收益指数的增长。从图 2-10 的走势可以看出，指数基金的收益率介于价格指数与全收益指数之间，高于价格指数但低于全收益指数。

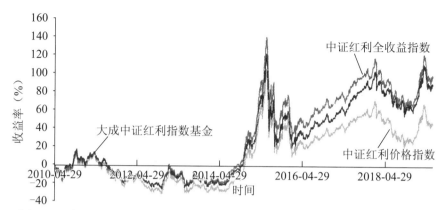

图 2-10 中证红利价格指数、全收益指数与对应指数基金走势差异（数据截至
2019 年 6 月 30 日）

数据来源：同花顺。

至此，我们明白了全收益指数的运行原理，其相对价格指数的超额收益来自分红派息的处理。那么，面对市场上眼花缭乱的全收益指数，我们又该如何挑选呢？笔者在这里给投资者支个着儿。

通过研究目前国内 A 股市场主要的代表性指数，指数成份股平均总股本越大，全收益指数相对价格指数的超额收益率越高（注：全收益指数超额收益率 = 全收益指数累计收益率 - 价格指数累计收益率），两者的相关系数 R 达到 0.79。如图 2-11 所示，指数成份股平均总股本小于 100 亿股时，其全收益指数相对价格指数的超额收益率全部低于 100%。当指数成份股平均总股本超过 100 亿股后，股本量越大，全收益指数的超额收益率均超过三位数，且呈现出几何式增长的趋势。

由于全收益指数与价格指数的差异主要来自分红派息的处理方式上，因此从指数股息率的角度来观察，成份股平均总股本越大，指数的股息率往往也越高。图 2-12 直观地展示了指数成份股平均总股本与指数股息率的高度正相关关系，两者的相关系数 R 达到 0.84。指数的股息率越大，分红派息金额就越高，通过分红再投资后全收益指数获得的超额回报也就越高。因此，笔者建议投资者在挑选全收益指数时，可以借鉴成份股股本量和成份股历年的股息率增长趋势。

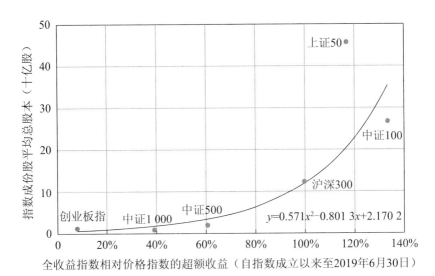

图 2-11 全收益指数超额收益率与指数成份股股本大小的关系

数据来源：Choice。

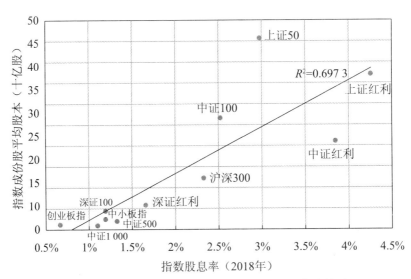

图 2-12 指数股息率与指数成份股平均总股本的关系

数据来源：Choice。

通过研究指数的波动率与股息率的关系，我们发现，指数盘子大小与价格波动有着密切的联系。如图 2-13 所示，年化波动率越高的指数，股息率越低，指数往往都是中小盘股指数。年化波动率越低的指数，股息率反而越高，这些指数基本都集中在大盘股指数里。两者呈现较高的负相关关系，相关系数 R 为 -0.63。由此可以得出一个结论，股息率越高的指数往往具有低波动率的特征，而低波动率指数往往出现在大盘股指数中。

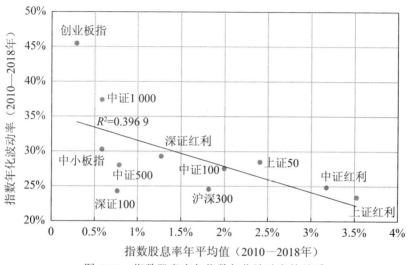

图 2-13　指数股息率与指数年化波动率的关系

数据来源：Choice。

我们可以得出的结论是，指数成份股股本量、股息率与全收益指数超额收益率呈正相关关系，股本越大、股息率越高，全收益指数相对价格指数的超额收益率越高。全收益指数收益率与指数波动率呈负相关关系，波动率越低的指数，其全收益指数相对价格指数的超额收益率越高。

那么，对于喜欢分红派息，希望通过稳定的现金红利和股票股利获得长期超额收益的投资者而言，低波动率的大盘股指数和股息率高的红利指数是最佳的选择。

第三章

横向优选
指数基金

挑选指数只是投资指数基金的第一步工作，能否筛选出优秀的基金也十分重要。如果基金挑错，轻则收益率减少，重则可能面临清盘风险，导致浮动亏损变成实际亏损。本章将介绍横向筛选指数基金的四大策略，帮助投资者更快、更准确地完成基金筛选，为后续的投资操作做好铺垫。

一、筛选策略 1：基金规模

笔者认为基金规模是挑选指数基金最重要的指标，因此将它放在本章第一部分来阐述。与主动管理型基金有所区别的是，指数基金，特别是完全复制型指数基金的管理规模应当越大越好。

为什么说完全复制型的指数基金规模越大越好？

首先，规模越大的指数基金，被清盘的风险就越小。根据中国证监会于 2014 年发布的《公开募集证券投资基金运作管理办法》："公募基金合同生效后，连续 20 个工作日出现基金份额持有人数量不满 200 人或者基金资产净值低于 5 000 万元情形的，基金管理人应当在定期报告中予以披露；连续 60 个工作日出现前述情形的，基金管理人应当向中国证监会报告并提出解决方案，如转换运作方式、与其他基金合并或者终止基金合同等。"

也就是说，如果基金的规模太小（如净值低于 5 000 万元）且持续时间超过 60 个工作日，就很可能被清盘。虽说清盘后剩余的资产净值会支付给基金份额持有人，但清盘时还需支付相应的清盘费用，这无疑给份额持有人造成了额外的损失。另外，如果基金投资者存在浮亏的情况，当基金被迫清盘时，浮亏就会变成实际亏损，这是最大的风险点。因此我们建议投资者最好选择规模较大的基金，尽量不要购买净值规模低于 5 000 万元的指数基金，完全复制型指数基金的基金规模越大越好。

如图 3-1 所示，最近 5 年以来（2015—2019 年），国内被清盘的公募指数基金（包含股票型指数基金与债券型指数基金，剔除因政策要求而转型的分级指数基金）一共有 57 只。其中，在清盘日（基金合同终止日）基金规模超过 1 亿元的仅有 2 只，大部分被清盘的指数基金规模在 5 000 万元以下。

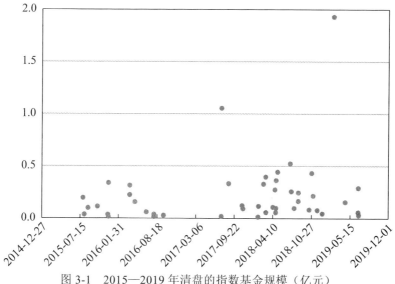

图 3-1　2015—2019 年清盘的指数基金规模（亿元）

数据来源：Choice。

对于完全复制型指数基金，基金规模越大越好，对于策略型指数基金但未必如此。由于策略型指数通常采取非市值加权策略，试图通过策略因子暴露获得超额收益，所以策略指数基金获得的超额收益往往基于小众领域，其规模无法做得过于庞大。

试想，一种人人皆知的策略被放到市场上，人人都参与进来往往也只能获得市场平均收益。如果投资者想要投资策略指数基金，建议选择的基金规模不宜过大，否则获得超额收益的难度便大。就个人经验而言，小众的策略指数基金规模最好不要超过 30 亿元，规模在 5 亿～10 亿元最佳。

二、筛选策略 2：综合费率

与主动管理型基金相比，指数基金最大的优势是持仓透明、管理方便、管理成本大为降低，费用低廉是指数基金称霸市场的撒手锏。

对普通投资者而言，我的建议是：挑选指数基金，综合费率越低越好。既然如此，综合费率包含哪些内容呢？主要有以下几类。

（一）申购费率 / 认购费率

申购费与认购费指的是基金投资者购买基金时需要支付的费用，认购费是基金发行时认购份额缴纳的费用，基金发行上市后的购买费用则称为申购费。认购费一般在基金发行时按照认购金额的一定比例一次性缴纳。申购费的缴纳方式可分为前端申购与后端申购，前端申购在购买基金时按购买金额的一定比例一次性缴纳，后端申购则在赎回时缴纳。

$$申购费率（或认购费率）=\frac{申购费用（或认购费用）}{申购总额（或认购总额）}\times100\%$$

大部分主动管理型基金的申购费率或认购费率为 1.5%，指数基金常见的申购费率或认购费率为 1.2% 或 1.0%，指数基金的申购费率比主动管理型基金低 20%～33%。现在很多基金代销平台可以给出一折优惠，即指数基金申购费率或认购费率以 0.12% 或 0.1% 较为常见，主动管理型基金的申购费率或认购费率大多为 0.15%。

（二）赎回费率

指数基金赎回费是指在基金存续期间，已持有基金份额的投资者向基金管理人卖出基金份额时所支付的手续费。不同的基金，基金管理人在《基金合同》里规定的基金赎回费率也是不一样的。

赎回费率的高低与投资者持有基金的时间长短有直接的关系，通常持有时间越长，赎回费率越低。赎回费率一般是阶梯式的，在某个时间段内赎回费率保持一致，当持有超过一定时间后，赎回费率则下降至某个水平并继续保持一段时间。以易方达创业板 ETF 联接 A/C 类基金为例，如表 3-1 所示，A 类基金与 C 类基金在持有时间 7 天以内时，向投资者收取 1.5% 的赎回费。7 天以后，A 类基金与 C 类基金赎回费率差异较大，这种差异是由销售服务费导致，将在本节中说明。

表 3-1　易方达创业板 ETF 联接基金赎回费率表

持有时间（天）	易方达创业板 ETF 联接 A 赎回费率（%）	易方达创业板 ETF 联接 C 赎回费率（%）
0 ～ 6	1.5	1.5
7 ～ 364	0.5	0
365 ～ 729	0.25	0
730 天以上	0	0

数据来源：易方达基金官网。

如果投资者打算长期投资持有指数基金，那么 A 类指数基金是最佳的选择，但如果是短期投资（如半年至一年的投资期限），C 类基金的赎回费率通常为 0，此时选择 C 类基金更划算。

关于 A 类基金与 C 类基金的最佳持有时间，本章第二节将会详细介绍。

（三）管理费率

基金的管理费是投资者支付给基金管理人的管理报酬，其数额一般按照基金净资产值的一定比例从基金资产中提取。基金管理费的提取方式是按日提取，逐日累计至每月月末，按月支付。计提方式是以前一日基金资产净值的固定年费率计算得出。例如，某指数基金的管理费率为 0.5%/ 年，那么管理费的计算方式为

$$H = E \times 0.5\% \div 当年天数$$

其中，H 为每日应计提的基金管理费；E 为前一日的基金资产净值。

以股票型指数基金为例，截至 2019 年 6 月 30 日，国内公募基金发行的完全复制型指数基金、指数增强型基金、QDII 股票型指数基金共计 948 只，如图 3-2、图 3-3 所示，这三类基金的管理费率存在一定的差异。

完全复制型指数基金的管理费率众数为 0.5%，中位数为 0.5%，最高值为 1.2%，最低值为 0.15%，是这三类指数基金中平均管理费率最低的一类。

指数增强型基金的管理费率众数为 1%，中位数为 1%，最高值为 1.3%，最低值为 0.5%。由于指数增强型基金的目标是在跟踪指数的基础上获取一定的超额收益，管理难度更大，平均管理费率在三类基金中排名最高。

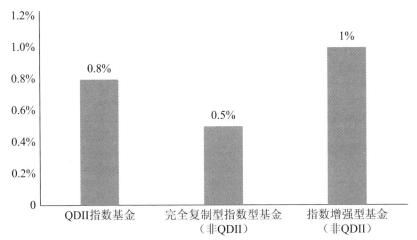

图 3-2 国内公募指数基金管理费率众数

数据来源：Choice。

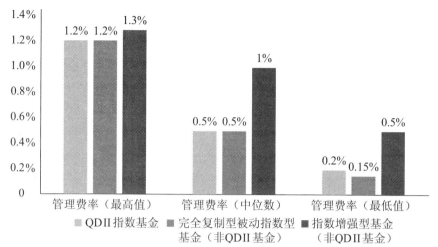

图 3-3 国内公募指数基金管理费率最高值、中位数及最低值

数据来源：Choice。

过去数年我国指数基金的管理费率普遍在 0.5% 左右，但随着业内费率不断下降，为了吸引投资者，不少基金管理公司推出管理费率更低的指数基金。如表 3-2 至表 3-4 所示，截至 2019 年 6 月 30 日，国内完全复制型指数基金的管理费率最低值为 0.15%，一共有 29 只；指数增强型基金的管理费率最低值为 0.5%，一共有 6 只；QDII 指数基金的管理费率最低值为 0.2%，全部为投资于跟踪日本东京股市的日经 225 指数，一共有 3 只。（注：本书中所称的指数基金代码，尾缀携带 ".SH" 符号的基金代表在上海证券交易所上市交易的基金，尾缀为 ".SZ" 的基金代表在深圳证券交易所上市交易的基金，".OF"代表场外基金。）

表 3-2 国内管理费率最低的公募完全复制型指数基金汇总表
（数据截至 2019 年 6 月 30 日）

序号	基金代码	基 金 名 称	年管理费率（％）
1	000008.OF	嘉实中证 500ETF 联接 A	0.15
2	070039.OF	嘉实中证 500ETF 联接 C	0.15
3	510310.SH	易方达 HS300ETF	0.15
4	512090.SH	易方达 MSCI 易基	0.15
5	110020.OF	易方达沪深 300 发起式 ETF 联接 A	0.15
6	006286.OF	华泰柏瑞 MSCI 中国 A 股国际 ETF 联接 A	0.15

续表

序号	基金代码	基 金 名 称	年管理费率（%）
7	006293.OF	华泰柏瑞 MSCI 中国 A 股国际 ETF 联接 C	0.15
8	001214.OF	华泰柏瑞中证 500ETF 联接 A	0.15
9	006087.OF	华泰柏瑞中证 500ETF 联接 C	0.15
10	512510.SH	华泰柏瑞 ETF500	0.15
11	512950.SH	华夏央企改革	0.15
12	159922.SZ	嘉实 500ETF	0.15
13	159964.SZ	创业板 PA	0.15
14	512520.SH	华泰柏瑞 MSCIETF	0.15
15	006196.OF	华夏中证央企 ETF 联接 A	0.15
16	006197.OF	华夏中证央企 ETF 联接 C	0.15
17	006438.OF	博时央调 ETF 联接 A	0.15
18	006439.OF	博时央调 ETF 联接 C	0.15
19	006704.OF	易方达 MSCI 中国 A 股国际通 ETF 联接 A	0.15
20	006705.OF	易方达 MSCI 中国 A 股国际通 ETF 联接 C	0.15
21	007028.OF	易方达中证 500ETF 联接 A	0.15
22	007029.OF	易方达中证 500ETF 联接 C	0.15
23	007339.OF	易方达沪深 300 发起式 ETF 联接 C	0.15
24	007538.OF	永赢沪深 300A	0.15
25	007539.OF	永赢沪深 300C	0.15
26	159959.SZ	银华央企 ETF	0.15
27	510580.SH	易方达 ZZ500ETF	0.15
28	512930.SH	平安 AIETF	0.15
29	512960.SH	博时央调 ETF	0.15

数据来源：Choice。

表 3-3 国内管理费率最低的公募指数增强型基金汇总表
（数据截至 2019 年 6 月 30 日）

序　号	基金代码	基 金 名 称	年管理费率（%）
1	003015.OF	中金沪深 300A	0.5
2	003579.OF	中金沪深 300C	0.5
3	002076.OF	浙商中证 500 指数增强 A	0.5
4	003016.OF	中金中证 500A	0.5
5	003578.OF	中金中证 500C	0.5
6	007386.OF	浙商中证 500 指数增强 C	0.5

数据来源：Choice。

表 3-4　国内管理费率最低的公募 QDII 指数基金汇总表
（数据截至 2019 年 6 月 30 日）

序　　号	基 金 代 码	基 金 名 称	年管理费率（％）
1	513000.SH	易方达 225ETF	0.2%
2	513800.SH	南方东证 ETF	0.2%
3	513880.SH	华安日经 225	0.2%

数据来源：Choice。

管理费率应在同一口径下进行对比，相同的资本市场、相同的标的指数，基金管理费率越低越好。管理费率是基金综合费率的重要组成部分，也是投资者在挑选指数基金时的重要参考指标。

不同类型的指数基金，管理难度差异较大，如沪深 300 指数基金和大数据 100 指数基金、标普 500ETF 和沪深 300ETF，前两只基金跟踪的标的指数不同，投资策略存在差异，后两只基金所处的资本市场不同，标的指数也不同，因此单纯对比管理费率高低的意义不大。

正确的做法是以同一个资本市场的同一个标的指数为对标参照物，如易方达沪深 300ETF 与华泰柏瑞沪深 300ETF、广发创业板 ETF 与易方达创业板 ETF 等，前两只基金与后两只基金所处的资本市场与标的指数都相同，在相同的口径内管理费率才具备可比性。笔者的建议是相同的口径内，管理费率越低越好。

（四）托管费

基金托管费是指基金托管人为保管和处置基金资产而向基金管理人收取的费用。基金的托管费按前一日基金资产净值的固定年费率计提。假如指数基金的托管费率为 0.1%/ 年，则托管费的计算公式为

$$H = E \times 0.1\% \div 当年天数$$

其中，H 为每日应计提的基金托管费；E 为前一日的基金资产净值。

与前述一致，在挑选指数基金时，在同一对比口径下，托管费率越低越好，此处不再展开。

（五）C 类基金销售服务费

针对部分投资者的短期投资需求，部分基金公司会专门发行一种基金给这类投资者，这种基金通常以 C 类基金较为常见。与 A 类基金相比，C 类基金在申购环节往往不收取申购费，赎回环节收取较少甚至不收赎回费。

俗话说"将欲取之，必先予之"，C 类基金投资者能享受"高规格"待遇的背后也是有代价的。C 类基金每年会向投资者收取一笔固定比例的费用，这笔费用通常被称为"销售服务费"。销售服务费的原理与管理费类似，只不过是换了一种叫法，其计提方式与管理费一样，每日从基金资产净值中按照一定比例扣除。

既然 C 类基金适合短期投资，A 类基金适合长期投资，那么短期是多短呢？C 类基金的最佳持有时间应该怎么计算？由于大部分基金公司没有对外发布 C 类基金最佳持有时间，此处通过分析两类基金的费率差异来推导两类基金的最佳持有时间。

A 类基金与 C 类基金的管理费率、托管费率以及其他费率基本相同，主要差别体现在申购费率、赎回费率和销售服务费率上。因此在其他费用率保持相同的情况下，我们可以假设当最佳持有时间达到某个平衡点时，A 类基金申购费率与 A 类基金赎回费率总和等于 C 类基金销售服务费率，于是便有了一个公式：

$$持有期内 C 类销售服务费率 = （A 类申购费率 + 持有期内对应 A 类赎回费率）$$

$$持有期内 C 类销售服务费率 = （A 类申购费率 + 持有期内对应 A 类赎回费率）$$

$$最佳持有时间分界线 = \frac{（A类申购费率 + 持有期内对应A类购回费率）}{持有期内C类销售服务费率}$$

如果两者相除刚好等于 1，则对应的时间为最佳持有时间的分界线。当数值大于 1 时，代表在相应的期限内 A 类基金的费率高于 C 类基金的费率，持有 C 类基金更划算；当数值小于 1 时，代表持有 A

类基金更划算。

如表 3-5 至表 3-6 所示，假设有 A 类和 C 类两只指数基金，A 类基金申购费率折后是 0.12%，C 类基金不收申购费但每年收取 0.4% 的销售服务费。赎回时，A 类基金按照持有时间长短以阶梯方式收取赎回费，C 类基金持有 7 天以内的赎回费率与 A 类基金保持一致，超过 7 天后则不收取赎回费。假设 C 类基金的其他费率与 A 类基金保持一致，1 年时间为 365 天。

表 3-5 A 类与 C 类基金费率差异

项　　目		A 类 基 金	C 类 基 金
申购费率		0.12%（一折）	0
销售服务费率		0	0.4%
赎回费率	0～7 天	1.5%	1.5%
	8～364 天	0.5%	0
	365～729 天	0.25%	0
	730 天以上	0	0

数据来源：Choice。

表 3-6 A 类与 C 类基金最佳持有时间计算

持 有 天 数	A 类基金费率	C 类基金费率	A/C 比值
7	0.12%+1.5%=1.62%	7/365×0.4%+1.5%=1.51%	>1
364	0.12%+0.5%=0.62%	364/365×0.4%+0%=0.39%	>1
365	0.12%+0.25%=0.37%	365/365×0.4%+0=0.4%	<1
730	0.12%+0%=0.12%	730/365×0.4%+0=0.8%	<1

数据来源：Choice。

通过计算可以看出，持有时间在 1 年以内（0～364 天）时，A 类费率与 C 类费率的比值大于 1，表明在此期限内 C 类基金比 A 类基金更有费率优势。从第 365 天起，该比值变为小于 1，说明 C 类基金的费率已经超过 A 类基金，持有 A 类基金更划算。

由于 A 类基金约定的赎回费率为阶梯式费率，因此没有刚好使该比值等于 1 的持有期限，但从该案例可以看出 C 类基金的最佳持有时间为 364 天。如果投资期限超过 364 天，则建议购买 A 类基金。

（六）指数许可使用费

指数基金由基金管理人发行设立，而标的指数则由指数供应商（即指数开发商）负责编制、维护和管理，因此基金管理人需要获得指数供应商的授权许可才能发行指数基金。在《基金合同》成立后，基金管理人需要定期向指数供应商支付指数许可使用费，这部分费用同样计入基金的当期损益，构成基金综合费用的组成部分。

通常情况下，指数许可使用费也是按日计提的，以前一日的基金资产净值的固定年费率计提，并逐日累计。假如某标的指数的许可使用费率为 0.03%/ 年，则许可使用费的计算方法如下：

$$H=E\times 0.03\%\div 当年天数$$

其中，H 为每日应付的指数许可使用费；E 为前一日的基金资产净值。

基金管理人与指数供应商通常会针对指数的授权许可使用费约定一个下限，如每季度 5 万元。不过值得注意的是，指数许可使用费率以及使用费下限并不是一成不变的，基金管理人可以和指数供应商协商调整，通常以基金资产净值作为谈判的筹码，规模越大，越能够获得较低的使用费下限及使用费率。

指数许可使用费在基金定期报告、《基金合同》和《招募说明书》中均有注明，投资者可在基金公告中查询相应的费率。对于跟踪同一标的指数、同一投资策略的指数基金，指数许可使用费越低越好。

（七）其他费用

指数基金的其他费用包括如下几项。

信息披露费：信息披露费是基金管理人在中国证监会指定的媒体上披露基金及基金管理人相关信息而向媒体支付的披露费用。

中介机构费：中介机构费一般是《基金合同》生效后与基金相关的会计师费、律师费、诉讼费等。

交易通道费：交易通道费包括在券商交易的通道费用以及银行款项划转费用。

上市费用：指《基金合同》生效后，基金上市时应支付的相关费用。

持有人大会费用：基金为召开份额持有人大会而支付的相关费用。

账户费用：账户费用包括账户开立费用和账户维护费用。

至此，指数基金的综合费用基本介绍完毕，综合费用在基金的定期报告（年报、半年报、季报）中都会向社会公众披露，都可以从中查询到相关的费用明细。

指数基金的综合费用会计入当期利润表，影响当期利润，进而影响基金资产净值。因此，笔者建议可将这几大类费用加总，除以期末基金资产净值，然后横向对比几只指数基金的费用率。综合费用率越低，代表基金管理人成本管控能力越强，费用对基金净值的损耗较小，投资者的利益也越能得到保障。

三、筛选策略 3：跟踪误差

（一）完全复制型指数基金跟踪误差的计算方法

对完全复制型指数基金而言，基金的投资目标并非收益越高越好，完全复制型指数基金在《基金合同》里规定，基金的投资目标是紧密跟踪标的指数，追求跟踪偏离度和跟踪误差最小化，即完全复制型指数基金追求的是跟踪误差越低越好。

那么，跟踪误差是什么，又如何量化呢？

前文提过，跟踪误差指的是指数基金净值收益率与标的指数收益率之间的偏差，用来评价基金复制指数走势的效果，也是衡量基金公司管理能力的重要指标。一般用"日均跟踪偏离度绝对值"和"年化跟踪误差"来量化指数基金跟踪误差的大小。

日均跟踪偏离度指的是每个交易日指数基金的收益率与标的指数

收益率的差值，日均跟踪偏离度绝对值是指在某个区间内，指数基金每日跟踪偏离度绝对值的平均数。若以 n 天代表某个交易期间，指数基金在第 t 日的收益率 R_{it} 与标的指数在第 t 日的收益率 R_{mt} 的日均跟踪偏离度绝对值可以表示为

$$\frac{\sum_{t=1}^{n}\left|R_{it}-R_{mt}\right|}{n}$$

"年化跟踪误差"是指在某个交易期间内，指数基金日跟踪偏离度的年化值的标准差。假设一年的交易天数一共为 M 天，年化跟踪误差的计算公式为

$$\sqrt{M\times\mathrm{var}\left(R_{it}-R_{mt}\right)}$$

其中，$\mathrm{var}\left(R_{it}-R_{mt}\right)$ 代表指数基金日跟踪偏离度的方差，$\mathrm{var}\left(R_{it}-R_{mt}\right)\times M$ 则代表指数基金日跟踪偏离度方差的年化值。

日均跟踪偏离度绝对值与年化跟踪误差都是反向指标，日均跟踪偏离度绝对值越小、年化跟踪误差越小，代表指数基金的复制效果越好。

这里仅展示指数基金跟踪误差的原理及计算方法，如果投资者要获取指数基金的跟踪误差数据，大可不必如此费力。在基金定期报告中，基金管理人会向外界公布指数基金跟踪误差数据，投资者可在基金定期报告中的"基金净值表现"章节找到相应的数据。

影响指数基金跟踪误差的原因主要包括标的指数成份股的调整、股本变化、分红、停 / 复牌、市场流动性、标的指数编制方法的变化、基金每日申购赎回清单的变化、大额申购赎回、基金费用对净值的损耗等。建议投资者在挑选完全复制型指数基金时，如果其他方面差异不大，可对比多只基金的历年平均跟踪误差，误差越小越好。

（二）指数增强型基金的跟踪误差评价

对完全复制型指数基金而言，跟踪误差当然越低越好，另外一类

指数增强型基金却并非如此。指数增强型基金是在被动投资指数的基础上获取一定的超额收益，指数增强型基金允许拥有更大的跟踪误差。

指数增强型基金通过加入主动管理因素，用超额风险来博取超额收益，因此业内往往采用信息比率来衡量单位主动风险所带来的额外收益，它的基本计算模型如下。

$$IR = \frac{\alpha}{\omega}$$

其中，IR 代表信息比率；α 代表超额收益；ω 代表主动风险。我们把这一公式代入指数增强型基金中，同样假设 n 天代表某个交易期间，指数基金在第 t 日的收益率为 R_{it}，标的指数在第 t 日的收益率为 R_{mt}，指数增强型基金的信息比率为

$$IR = \frac{\left(R_{it} - R_{mt}\right)}{\sqrt{\mathrm{var}\left(R_{it} - R_{mt}\right)}}$$

此时的 IR 代表基金经理每牺牲一单位的跟踪误差可以换来的超额收益率。如果信息比率大于 0，则代表付出主动风险换来的收益率为正，此时牺牲跟踪误差是有意义的。反之，则说明基金经理主动投资的回报不佳。指数增强型基金的信息比率应当越高越好。

遗憾的是，有的基金管理人并没有在指数增强型基金的定期报告中披露信息比率的数据，但部分网络代销平台（如天天基金网）可以查询到指数增强型基金的信息比率数据。

四、筛选策略 4：流动性

基金规模是影响流动性的重要因素之一。指数基金并非仅有场外申购、赎回的投资方式，也存在场内买卖交易的方式，如 ETF 基金、LOF 基金等，这些基金都可以在交易所用股票账户进行交易。既然是在二级市场流通转让，必然牵涉基金的流动性。本书将通过 ETF 基

金的升贴水情况向投资者直观地展示基金规模大小与流动性强弱的关系。

ETF 基金贴水指的是 ETF 基金交易所买卖的价格低于其净值的差值，贴水率指的贴水差值与基金净值的比率，如果该数值为正，则代表基金出现折价。如果基金的交易价格高于基金净值，称为"升水"，升水代表基金此时出现溢价，即贴水率为负。

截至 2019 年 6 月 30 日，国内市场存量的 ETF 基金数据如图 3-4 所示，基金规模越大，其升水或贴水的幅度越小；规模小的 ETF 基金升水或贴水较大。

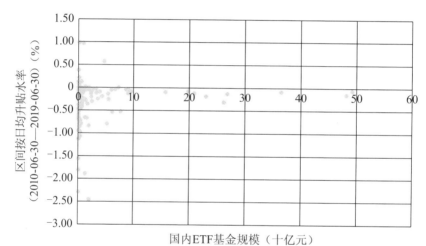

图 3-4　指数基金规模与基金贴水率的关系

数据来源：Choice。

升水率或贴水率，本质上反映的是基金价格与基金净值的偏离幅度，如果升水率或贴水率数值过大，往往是基金流动性较差的外在表现。通常情况下，规模较大的指数基金，份额持有人往往也较多，在二级市场交投活跃性强，如果有较大幅度的折价或溢价幅度，市场上会有聪明的资金进来套利，从而把价格拉到净值附近，导致套利空间变窄。但是当基金规模过低，交投不活跃，则可能会出现流动性折价或流动性溢价等情况，导致侵蚀基金份额持有人的投资收益或拉高持仓成本。

　　场内指数基金的流动性与服务商数量有较大关系。场内指数基金，特别是 ETF 基金，通常会有做市商（一般是券商）提供流动性服务，对于规模较大且关注度较高的基金，流动性服务商往往也更愿意为其提供做市服务。

　　如图 3-5 所示，通过统计流动性服务商的数量与日均贴水率的关系，总体上可以看出服务商数量越多，基金贴水率或升水率就越接近0。而升贴水率往往是基金流动性的重要参考指标，价格偏离净值幅度越低，基金流动性越好。

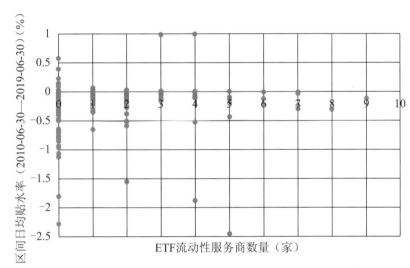

图 3-5　ETF 基金流动性服务商数量与基金贴水率的关系

数据来源：Choice。

　　至此，本章已经介绍完挑选指数基金的四大策略，本章观点总结如下：

　　若已确定标的指数，在选择完全复制型指数基金时，建议基金规模越大越好、综合费率与跟踪误差越低越好。

　　若想投资指数增强型基金或者其他 Smart beta 指数基金，此时基金规模并非越大越好，也不建议投资规模低于 5 000 万元的基金，基金规模在 5 亿～ 10 亿元为最佳。

　　信息比率越高的指数增强型基金，基金经理的投资管理能力也越强，可作为选择指数增强型基金的参考依据。

若通过场外申购与赎回，基金的流动性则不那么重要；当投资场内指数基金时，笔者建议选择基金规模较大、做市商数量多的基金。可通过比对跟踪同一个指数的不同场内基金的升贴水率来辅助进行决策，规模越大的基金，其升贴水率往往越低，流动性通常也较好。

第四章

常规资金分配
与进场时机

当选好了指数，也挑好了基金，资产端的准备工作基本完成，接下来需要做的是准备购买基金。在"买买买"之前，或许还需要了解资金端的分配方法，这将直接影响投资收益率。

在制定定投计划之前，我们需要了解手上有多少闲置资金用于投资，未来一段时间内是否有固定的现金流入用于完成投资计划，以此安排每期的投资金额。本章将介绍三种不同的资金分配方案，对于手上有一笔闲钱或者每个月都有固定收入、准备投资基金但苦于不知如何安排资金的投资者，本章的方法论会很有帮助。

按资金来源的不同，不同的人群可划分为如下三类。

第一类人群：手上有闲钱，但每个月无固定收入的人。

第二类人群：手上无闲钱，但每个月有固定收入的人。

第三类人群：手上有闲钱，且每个月有固定收入的人。

在安排每期的投资资金时，投资者需要了解自己属于哪一类人群。第三类人群是条件最好的，他们的资金充裕程度比第一类人群和第二类人群要好得多，可以使用的方法也多得多，第一类人群和第二类人群适用的方法同样适用于第三类人群，因此本章不重点介绍这个群体的资金分配方案。由于第一类人群和第二类人群比较常见，因此我将围绕这两个群体来描述相对应的方法。

手上有一笔闲钱的人，可以使用时间等分法和二八分割法。对于手上没有闲钱，但每个月有固定收入的人群，这里推荐使用二八分割法。接下来介绍这两种资金分配方案。

一、普通定投的常规资金分配方案

（一）时间等分法

时间等分法是基金定投过程中最常见的资金分配方案，时间等分指的是总投资预算固定的情况下，预先估计合适的投资期限，然后将资金平均分配至每一期的方法。每一期分配的投资资金都是相等的，时间等分法可以总结为如下公式：

$$Y = \frac{总投资预算}{预估投资期限}$$

Y 代表每期的定投金额，在时间等分法下 Y 是固定的。假设投资者甲手上有一笔闲置资金 6 万元，未来 5 年不会动用这笔资金，投资者甲想在这笔资金闲置期内定投基金，定投频率为每个月购买一次，则每期分配的资金如下：

$$Y = \frac{60\,000}{5 \times 12} = 1\,000(元)$$

投资者甲将期限分成了 60 个月，在时间等分法下总资金被分成 60 份，每份金额是相等的，即每个月可以分配 1 000 元上限的资金用于投资，直至这笔资金全部投完或基金止盈卖出为止。

时间等分法的优点是简单、方便、容易理解，操作起来也省心。但需要客观、合理地估计这笔资金的闲置时间，如果预估的闲置时间与实际情况相差悬殊，可能会出现流动性危机，简单说就是急需用钱时手上没钱。

时间等分法通常适用于手头资金较为宽裕的投资者，如果投资者有一笔闲钱，而且未来某个时间段内闲置的确定性很强，不妨采用这种方法。

（二）二八分割法

二八分割法是在时间等分法的基础上对每期分配的资金进行适当调整，从每期分配的资金中划出一部分当作备用金，备用金是用于特定目的临时加仓，剩余部分的资金依旧正常定投。备用金与正常定投资金所占的比例一小一大，因此将这种方法称为"二八分割法"。

假设投资者乙现有一笔闲置资金 12 万元，未来两年不会动用这笔资金，投资者乙打算每个月购买一次基金，即每个月可以分配的资金是 5 000 元。但出于本能的风险防范意识，如果当月定投完成之后市场出现较大的波动，此时没有额外的资金加仓可能会坐失良机。于是投资者乙在每月 5 000 元的定投资金的基础上，按照 20%∶80% 的比例进行分配，划出 1 000 元用作备用金，存在账户中随时能够调用，剩余 4 000 元按照原先设置的定投日期正常扣款。

资金分配方案设定好之后，扣款账户里每个月剩下 1 000 元的备用金，投资者乙设置了 A 和 B 两项专门针对备用金的扣款计划。

计划 A：每个月 1 000 元必须投出去，使得每月的总投资金额仍然等于 5 000 元，只是这笔备用金的投资时间会择机进行，通常选择在市场下跌幅度较大的当周加仓，属于定额不定期。在此种情况下，计划 A 可以总结为如下公式：

$$Y(计划A) = \frac{总投资预算}{预估投资期限} \times M_A + \frac{总投资预算}{预估投资期限} \times (1 - M_A)$$

Y（计划 A）指的是 A 计划下，每期的投资金额。M_A 代表 A 计划下，当期正常扣款金额占当期总投资金额的比例。$(1-M_A)$ 代表 A 计划下，当期备用金占当期总投资金额的比例。

计划 B：只有当手上持仓的基金出现浮亏时，才会动用这笔备用金进行加仓。如果持仓基金数量为 1 只，则 1 000 元全部用于购买这只基金。如果持仓基金为多只，选择浮亏最大的那只基金进行加仓，加仓金额为 1 000 元。如果手上持有的基金全部盈利，则当月不启动备用金，当月的备用金累积到下期进行投资。到了下期，如果持仓基金继续保持盈利，则顺延至下一期，直至基金出现浮亏或投资期结束。这种加仓计划同样属于定额不定期。在此种情况下，计划 B 可以总结为如下公式。

$$Y(\text{计划B}) = \frac{\text{总投资预算}}{\text{预估投资期限}} \times M_B + \frac{\text{总投资预算}}{\text{预估投资期限}} \times (1 - M_B) \times (1 - X)$$

Y（计划 B）指的是 B 计划下，每期的投资金额。M_B 代表 B 计划下，当期正常扣款金额占当期总投资金额的比例。（$1-M_B$）代表 B 计划下，当期备用金占当期总投资金额的比例。此处公式中，X 用于辅助判断，如果持仓基金出现浮亏，到达预设的加仓条件时，则 $X=0$，当期的备用金要投出去；如果持仓基金出现盈利，未达到预设的加仓条件，则 $X=1$，当期的备用金不能被投出去，累积到下一期。

二八分割法适用于有闲钱的投资者，也同样适用于无闲钱但每个月有固定收入的工薪阶层，有固定收入的投资者可从每个月的固定收入中将预估的支出总额扣掉，剩余的部分可采用时间等分法，也可采用二八分割法。

二八分割法的优势在于应对突发状况的能力更强，尤其在下跌趋势中，由于有备用金的存在，二八分割法相对于时间等分法能够多次买入，拉低成本的效果更为显著，在投资过程中心理压力也更小。

二、定投进场的最佳时机

基金定投由于其风险分散、可以烫平成本等优势，多数销售顾问给客户推销基金时，总是建议投资者定投随时进场，无须择时。那么，真相果真如他们所说的那样吗？

对于销售顾问的建议，投资者需要辩证地看待。估值越高，买入后亏损的情况越普遍，指数基金定投也同样适用此道理。虽然基金定投可以平摊成本，即便可以撑到牛市到来，但在高位买入的份额也会拉低整体收益率。因此，笔者不建议投资者在任何时点都进场购买基金。

下面以最近 10 年 A 股的数据来展示基金定投进场时机的重要性。以 2009 年 6 月至 2019 年 6 月作为样本期间，以代表性最强的沪深 300 指数为例，在沪深 300 指数的 PB（市净率）分别处于 3.5、2.5 和 1.5 时开启定投，最后测算在不同估值状态下的定投收益率。

以华夏沪深 300ETF 联接 A 作为统计标的，假设申购费率为 0.12%，赎回费率为 0，每月的 15 日为基金定投日（如遇节假日则顺延至下一个交易日），采用基金分红再投资的方式，定投开始日为扣款日，定投金额相同，定投周期为 3 年（如未满 3 年则以赎回日为定投结束日），赎回日为 2019 年 6 月 30 日。于是可以得出下列 3 组定投开始日。

当沪深 300 指数 PB 接近 3.5 时，在统计样本期间内最早接近该估值的时间点为 2009 年 7 月 20 日。

当沪深 300 指数 PB 接近 2.5 时，在统计样本期间内最早接近该估值的时间点为 2010 年 5 月 13 日。

当沪深 300 指数 PB 接近 1.5 时，在统计样本期间内最早接近该估值的时间点为 2012 年 10 月 22 日。

指数在不同估值阶段开始定投的收益率情况如表 4-1 所示，随着估值走低，基金定投的收益率有提高的趋势。2012 年 10 月 22 日开始基金定投，由于买在相对底部，随后市场迎来牛市，使持仓成本上升，总收益率较低。但 2012 年 10 月 22 日开始定投，资金使用效率较高，年化收益率明显高于其他两项。

表 4-1　不同估值状态下定投收益率差异

沪深 300 的 PB	定投开始日	定投结束日	定投赎回日	总收益率（%）	年化收益率（%）
3.5	2009-07-20	2012-07-20	2019-06-30	51.51	5.03
2.5	2010-05-13	2013-05-13	2019-06-30	63.32	6.55
1.5	2012-10-22	2015-10-22	2019-06-30	58.27	9.16

数据来源：Choice。

与购买商品一样，追求性价比是投资基金的核心逻辑，低买高卖才是关键。基金定投随时进场可以坚持到牛市来临，但资金的使用效率往往较低，等待的时间也比较长，笔者并不建议投资者在任何时候都进场投资。

既然如此，何时开始基金定投才是最佳时机呢？答案是市场相对低估的时期。下面将介绍几个实用的妙招，帮助投资者判断股市进入相对低位时的市场特征。

三、历史数据揭示大底部的市场特征

以 A 股市场为例，历史上的每轮大牛市和大熊市，都会伴随着成交量的急剧放大和缩小。牛市中人们疯狂地买入，巨量的资金推高了股价，熊市时则恰恰相反，人性的贪婪与恐惧在股市中一览无余。笔者试图通过量化买卖的行情数据展示过去数年熊牛交替时的底部市场特征，更好地判断市场的高低位置。

A 股市场是全世界流动性最好的资本市场之一，成交额高低是市场热度最真实的反映。当成交额急剧萎缩至某个范围后，市场往往已经经历了大幅的下跌，此时资产的吸引力已经很强，具备了底部的先决条件。成交额可以作为辅助我们判断市场大致顶底的指标之一。

为了量化这一判断，笔者基于 A 股主要的宽基指数十余年来的行情数据，选取最近 2～3 轮大牛市和大熊市的成交额作为统计样本（分别是 2007 年大牛市的顶部至 2008 年大熊市的底部作为一个观察期间、2009 年反弹牛市至 2013 年熊市作为一个观察期间、2015 年大牛市至 2018 年熊市作为一个观察期间），选择上证指数、沪深 300 和中证 500 三个指数作为统计标的。

假设 M 代表历史牛市顶部最高点当月的前三个月（含当月）的平均成交额，N 代表历史熊市底部最低点当月的前三个月（含当月）的平均成交额。N 代表熊市底部最低点当月以及最低点当月的前两月成交额的平均值，即最低点当月往前推，三个月成交额的平均值。假设 M1、N1 代表上证指数三个月成交额的平均值；M2、N2 代表沪深 300 指数三个月成交额的平均值；M3、N3 代表中证 500 指数三个月成交额的平均值。三个指数过去数轮熊牛市更替阶段的成交额特征如表 4-2 至表 4-4 所示。

表 4-2　上证指数底部与顶部成交额比率

	M1（亿元）	N1（亿元）	N1/M1（%）
2007 年 8 月—2008 年 10 月	30 406	8 003	26.3
2009 年 6 月—2013 年 6 月	37 869	15 661	41.3
2015 年 4 月—2019 年 1 月	178 968	27 976	15.6
平均	不适用	不适用	27.7

数据来源：Choice。

表 4-3　沪深 300 指数底部与顶部成交额比率

	M2（亿元）	N2（亿元）	N2/M2（%）
2007 年 8 月—2008 年 10 月	24 283	6 312	26.0
2009 年 6 月—2013 年 6 月	30 523	11 557	37.8
2015 年 4 月—2019 年 1 月	133 543	19 317	14.4
平均	不适用	不适用	26.1

数据来源：Choice。

表 4-4　中证 500 指数底部与顶部成交额比率

	M3（亿元）	N3（亿元）	N3/M3（%）
2007 年 11 月—2008 年 11 月	7 567	2 660	35.2
2010 年 9 月—2012 年 12 月	16 436	4 549	27.7
2015 年 4 月—2018 年 10 月	65 742	9 835	14.9
平均	不适用	不适用	25.9

数据来源：Choice。

通过计算底部区域成交额占顶部区域成交额的比率，即 N/M，可以发现过去数轮牛市和熊市中底部区域的成交额大约是顶部区域的 1/4 左右，三个指数 N/M 的平均值为 26.6%。

数据告诉我们，成交额从牛市巅峰时期萎缩大约 3/4 后，市场即进入大级别底部区域，那么是否应该等到成交额萎缩到如此状态才能开始基金定投呢？

　　从历史规律看，确实如此。但每一轮牛市和熊市背后的驱动要素都不尽相同，如果非要等到彼时再进场，越往后则越有可能拉高基金的持仓成本。因此，除非是一次性投资，否则并不建议等市场成交额萎缩至牛市顶部成交额的 1/4 才开始定投，可以适当放宽，比如当成交额萎缩至牛市顶部 1/3 时即可开始。此时指数可能还会下跌，但定投的过程就是摊低持仓成本和积攒份额的过程，如果未来出现牛市，由于在底部积攒了较多的份额，持仓成本也不至于被抬升太多。

第五章

定投买入
策略

　　台湾著名的基金定投大师萧碧燕说过："基金定投，重要的是方法，大部分取得优秀回报的基金投资人往往都是因为方法制胜。"对此笔者深表赞同。基金定投取得成功的关键在于制定合适的定投策略与纪律性地执行策略。定投策略属于方法论，也是定投能否取得成功的前提条件。

　　目前，主流的基金定投策略有两种：一种是普通版，即定期定额法；另一种是智能定投。智能定投是一种定期不定额或不定期不定额的投资方法，其意义是帮助投资者获取更高的收益，目前市面上主流的智能定投策略是均线偏离法。基于笔者对智能定投的研究，本章将逐一介绍几种富有创新性的升级版定投策略。

一、普通版：定期定额法

（一）操作方法与原理

　　定期定额法是最早被普及的定投方法，也是目前市面上大部分基金公司和基金投资者使用的策略。华尔街有句老话："精准地踩点进入市场比在空中接住一把飞刀更难。"这一句话概括了证券市场投资的难度，因此分批买入（定投）成为避免大幅亏损的方法。

　　定投（定期定额），便是分批买入的一种特殊形式。它字面的含义是固定的时间投资固定的金额。这种方法简单易懂、操作方便，可在波动的市场里烫平持仓成本，特别是在下跌趋势中，可避免由于一次性投资金额过大带来巨大的损失。定期定额法能够获取相对平均的收益，是一种非常稳健的投资方式。

定期定额法投资最大的优势是可以自动调节持仓成本，当基金净值下跌时，相同的金额可以买到更多的基金份额；基金净值上涨时，买到的份额自动减少，由此实现了低买高卖的效果。

市场的波动大致可分为下跌市、上涨市和震荡市，其中，震荡市一旦发生突破，又可以分为先跌后涨市和先涨后跌市。接下来，我们以这4种情形为例，向投资者展示定期定额法在不同的情形下表现的差异。

第一种情况：下跌市。

在下跌市场中，定期定额法的优势明显强于一次性投资。由于资产价格下跌，基金净值下跌，相同金额的资金可购买到更多的份额，摊低持仓成本的效果更优秀。

假设某基金的初始净值为1元，在下跌市场中，每期基金净值下跌0.05元（"期"泛指时间单位，指间隔相等的定投时间段）。如表5-1与图5-1所示，13期之后，该基金的净值仅剩0.4元。如果在基金净值为1元时进行一次性投资，最终的收益率为-60%，而定期定额投资的收益率为-38.16%，亏损幅度明显比一次性投资低，当未来市场出现反弹，定投回本的周期也更短。

表 5-1　下跌趋势中定投与一次性投资的收益率差异

初始净值	每期下跌	定投期数	期末净值	定投收益率	一次性投资收益
1	0.05	13	0.4	−38.16%	−60%

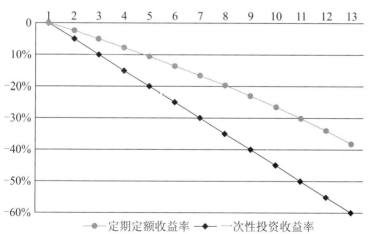

图 5-1　下跌趋势中定投与一次性投资收益率曲线走势差异

第二种情况：上涨市。

如果运气足够好，在投资者进入市场的当天，市场便处于牛市的起点，此时大可不必采用基金定投，此时采用一次性投资可以获得最大的收益率。如表 5-2 和图 5-2 所示，在相同的周期、相同的初始净值、每期净值波动相同的情况下，一次性投资收益率为 60%，而定投收益率仅为 25.72%。

表 5-2　上涨趋势中定投与一次性投资的收益率差异

初始净值	每期上涨	定投期数	期末净值	定投收益率	一次性投资收益
1	0.05	13	1.6	25.72%	60%

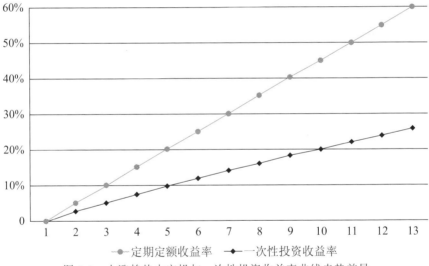

图 5-2　上涨趋势中定投与一次性投资收益率曲线走势差异

问题的关键在于，投资者进场的时间点是否是市场最低点或者进场之后市场能否保持上涨，而大多数投资者无法把握这个时间点。

单边大幅下跌与单边上涨只是极端情况下才会发生的情况，市场大部分时间处于波动震荡的趋势中。买入之后下跌一段时间再上涨，与买入后上涨一段时间后下跌才是投资者遇到的最普遍的情形。

第三种情况：先跌后涨。

假设某基金的初始净值为 1 元，每期基金净值的波动为 ±0.05 元，在先跌后涨的行情下，假设基金净值最后又回到初始净值。此时定期定额投资在下跌过程中亏损幅度较低，一旦市场反弹，回本和盈利也更快。如表 5-3 与图 5-3 所示，当基金净值经过 6 期下跌，从 1 元跌至 0.7 元后，定投的收益率为 -16.49%，而一次性投资的收益率为 -30%。经过 13 期之后，该基金的净值又重新回到 1 元，此时定投已经回本并且盈利 17.51%，而一次性投资才刚好打平。

表 5-3　先跌后涨趋势中定投与一次性投资的收益率差异

初始 净值	每期 涨跌	定投 期数	下跌 期数	上涨 期数	期末 净值	定投 收益率	一次性投资 收益率
1	±0.05	13	6	6	1	17.51%	0

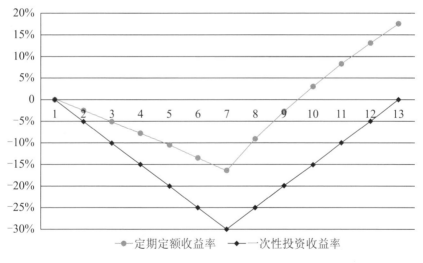

图 5-3　先跌后涨趋势中定投与一次性投资收益率曲线走势差异

在上述先跌后涨的情形下，基金定投的收益率曲线属于典型的"微笑曲线"，亏损较少、回本周期短，这就是基金定投的魔力。

值得注意的是，如果市场在经历下跌之后一直上涨，而投资者没有停止买入，此时定投的效果将大打折扣。

仍以先跌后涨的行情为例，在上述条件不变的情况下，将投资期数拉长至 29 期后，神奇的现象便发生了。如表 5-4 与图 5-4 所示，原本还处于不盈利状态的一次性投资，转眼间收益率达到80%，而基金定投的收益率只有64.24%。局面反转的原因是投资者没有在适当的时机停止定投，在行情上涨时依旧坚持买入，最后持仓成本不断抬高从而拉低收益率。这一结果告诉我们，在先跌后涨的情况下，一定要注意定投节奏，做到高位少买或者不买。

表 5-4　先跌后涨趋势中未停止定投情况下的收益率差异

初始 净值	每期 涨跌	定投 期数	下跌 期数	上涨 期数	期末 净值	定投 收益率	一次性投资 收益率
1	±0.05	29	6	22	1.8	64.26%	80%

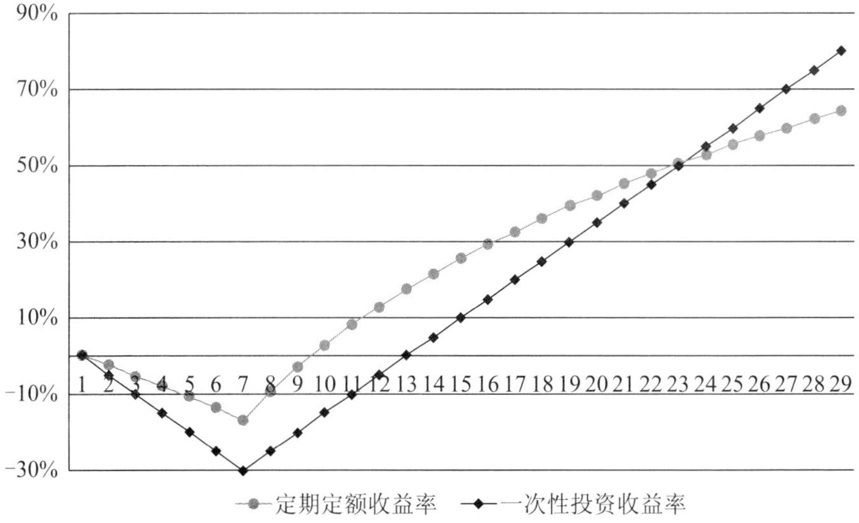

图 5-4　先跌后涨趋势中未停止定投情况下的收益率曲线走势差异

第四种情况：先涨后跌。

先涨后跌的情形下，我们可以拆分成两段来分析。

第一段是上涨阶段，假设期数仍为 13 期，上涨阶段有 6 期，基金净值从 1 元上涨至 1.3 元，定投的收益率依旧输给一次性投资的收益率，与第二种情况（上涨市）类似。

第二段为下跌阶段，当基金净值从 1.3 元回落至 1 元，一次性投资正好抹掉了盈利，但依旧保本。

如表 5-5 和图 5-5 所示，由于在上涨阶段分批买入，定投的成本往上抬升，当基金净值回落时，定投的收益率很快变成了负数。

表 5-5　先涨后跌趋势中定投与一次性投资的收益率差异

初始净值	每期涨跌	定投期数	下跌期数	上涨期数	期末净值	定投收益率	一次性投资收益率
1	±0.05	13	6	6	1	−11.55%	0

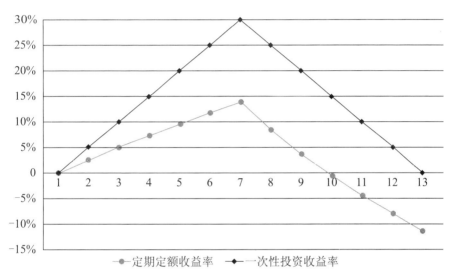

图 5-5　先涨后跌趋势中定投与一次性投资收益率曲线走势差异

如果刚刚定投了几期就出现上述情况，收益率已是负值，但不要放弃。如果我们把投资期数拉长至 29 期，可以发现基金净值已经跌至 0.2 元，此时定投的收益率虽然为负，但也明显超过一次性投资的收益率。如果投资者手上还有闲钱，可以此时再加大投入，持仓成本将变得更低，待市场反弹后能更快回本，如表 5-6 和图 5-6 所示。

表 5-6　先涨后跌趋势中未停止定投情况下的收益率差异

初始净值	每期涨跌	定投期数	下跌期数	上涨期数	期末净值	定投收益率	一次性投资收益率
1	±0.05	29	22	6	0.2	−67.43%	−80%

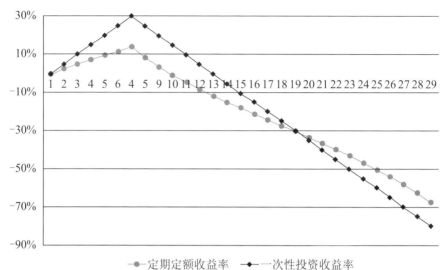

图 5-6　先涨后跌趋势中未停止定投情况下的收益率曲线走势差异

（二）定期定额法的优缺点

定期定额法的优点是省心、简单易懂、金额可控、期限可控、风险平滑。只要在系统里设置好定投周期和每期的定投金额，剩下的就交给时间。对工薪阶层而言，定期定额的金额可控，可以合理地安排每个月的开支。

当然，定期定额法也存在很大的缺陷。例如，当市场出现大幅下跌后，有较大的把握可以判断市场处于底部阶段，但定期定额法依旧只能买入相同的金额，此时摊低成本的效果较差。当市场出现上涨时，也会拉高投资者的持仓成本。

（三）定期定额法的适用人群

定期定额法是国内最早推广的定投方法，它几乎适用于任何一个群体，特别适用于每个月有固定收入的人群。

虽然普通版定期定额法适用范围较广，但也有明显的缺陷，随着定投方法的不断演进，市面上出现了旨在追求更低成本、更高收益的定投方法，也就是智能定投。然而，目前市面上主流的智能定投策略只有均线偏离法（在第五章第四节中笔者将其改进为成本偏离法），这显然是不够的。过去数年笔者逐渐摸索出 6 种智能定投方法，按照复杂程度划分又将这几种方法分为进阶版和高级版。其中，进阶版有 5 种策略模型，高级版有 2 种策略模型，接下来的内容将逐一介绍。

二、进阶版 1：目标点位系数法

（一）操作方法与原理

目标点位系数法的核心逻辑是遵循"低位多买、高位少买"的原则，投资者以标的指数的点位作为参照物，心中预先给定一个目标点位，这个目标点位是投资者认为市场进入高位还是低位的临界点。

当标的指数低于目标点位时，默认市场已进入底部区域，投资者可以加大定投力度，在原先定投的金额基础上多拿出一些钱买基金；当标的指数高于目标点位时，默认市场已脱离底部区域，此时要在原先定投的金额基础上减掉一部分。

目标点位系数法的公式如下。

$$目标点位系数法申购金额=\left(\frac{目标指数点位}{当前指数点位}\right)^{n}\times基础金额$$

$\left(\dfrac{目标指数点位}{当前指数点位}\right)^{n}$ 代表目标点位的系数，当这个系数大于 1 时，代表当前的位置已经进入投资者心理预估的底部位置；当系数小于 1 时，代表当期位置尚未进入投资者心里认可的底部区域。n 次方则代表该模型的弹性，当 n 越大，该模型的弹性越大，定投收益率越高。

当指数基金有申购费率时，需要将申购费扣除。如果属于 C 类基金或免申购费的奖金，确认份额则等于申购金额与基金单位净值的比值，计算公式如下。

$$目标点位系数法确认份额 = \frac{申购金额 \times (1 - 申购费率)}{基金单位净值}$$

下面，笔者通过模拟 4 种场景展示目标点位系数法无与伦比的收益率优势。如表 5-7 所示，假设某投资者以某标的指数 3 000 点作为参照物，当指数点位低于 3 000 点时决定加码买入，高于 3 000 点时减少买入金额。该投资者采用目标点位系数法进行定投，基础金额为 100 元（基础金额指在申购金额无变动的情况下，每期固定的投资额度），目标点位系数公式的幂次方 $n=10$，定投期数为 17 次。

假设不考虑申购费和赎回费，没有最低申购额和最低赎回份额的限制，初始基金净值为 1 元，标的指数每期的涨跌点数为 ±100 点，基金净值涨跌幅与标的指数涨跌幅保持一致。

表 5-7　目标点位系数法定投要素表

目标点位	基础金额	定投期数	初始净值	n	申购费率	赎回费率
3 000	100	17	1	10	0	0

第一种情况：上涨市。

普通定投法（定期定额法）由于没有对定投金额进行控制，导致在上涨途中不断买入进而拉低了收益率，目标点位系数法不存在这种情况。设置好目标点之后，随着指数的上涨，该策略的系数会不断下降，幂次方 n 的取值越高，系数下降就越快。系数下降意味着申购金额会下降，反之，指数下跌时，系数会增大，系数变大则申购金额也会变大。如此一来便可以自动实现低位多买、高位少买的目的。

以幂次方 $n=10$ 为例，当标的指数处于 2 700 点时，该策略的系数约为 2.868，即 3 000/2 700 的十次方。此时，申购金额 = 基础金额 × 系数 =100×2.868=286.8 元。

此后标的指数不断上涨，指数基金的净值跟随指数上升，但目标系数法自动实现减仓买入，每期申购的金额在不断减少，而普通定投法仍以每期 100 元申购基金。

目标系数法的收益率始终完胜普通定投法的收益率，如表 5-8 和

图 5-7 所示， 17 期之后，普通定投法的收益率为 25.35%，而目标点位系数法的收益率则为 46.53%，超过普通定投 21.18 个百分点。

表 5-8　上涨趋势中目标点位系数法与普通定投法的收益率对比

期数	目标点位	当前点位	系数	申购金额	基金净值	确认份额	普通定投收益率（%）	目标点位系数法定投收益率（%）
1	3 000	2 700	2.87	286.8	1	286.8	0	0
2	3 000	2 800	1.99	199.36	1.037 0	192.24	1.85	2.18
3	3 000	2 900	1.4	140.36	1.074 1	130.68	3.66	4.53
4	3 000	3 000	1	100	1.111 1	90	5.43	7.01
5	3 000	3 100	0.72	72.04	1.148 1	62.75	7.15	9.63
6	3 000	3 200	0.52	52.45	1.185 2	44.25	8.84	12.35
7	3 000	3 300	0.39	38.55	1.222 2	31.54	10.49	15.17
8	3 000	3 400	0.29	28.6	1.259 3	22.71	12.11	18.08
9	3 000	3 500	0.21	21.41	1.296 3	16.51	13.7	21.06
10	3 000	3 600	0.16	16.15	1.333 3	12.11	15.25	24.11
11	3 000	3 700	0.12	12.28	1.370 4	8.96	16.77	27.21
12	3 000	3 800	0.09	9.41	1.407 4	6.68	18.27	30.35
13	3 000	3 900	0.07	7.25	1.444 4	5.02	19.74	33.53
14	3 000	4 000	0.06	5.63	1.481 5	3.8	21.18	36.75
15	3 000	4 100	0.04	4.4	1.518 5	2.9	22.59	39.99
16	3 000	4 200	0.03	3.46	1.555 6	2.22	23.98	43.25
17	3 000	4 300	0.03	2.73	1.592 6	1.72	25.35	46.53

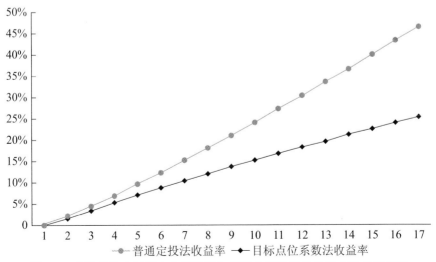

图 5-7　上涨趋势中目标点位系数法与普通定投法的收益率曲线走势差异

第二种情况：下跌市。

在下跌趋势中，目标点位系数法有着无可比拟的成本优势，其摊低成本的能力令人惊叹。目标点位仍为 3 000 点，标的指数点位从 3 400 点下跌至 1 800 点，基金净值也从 1 元跌至 0.529 4 元，如果采用一次性投资法，此时亏损已经超过 47%。如表 5-9 所示，即便采用普通定投法，收益率也达到了 -28.14%，而目标点位系数法的亏损却一直控制在 -8% 以内，最终以 -7.58% 的收益率完胜普通定投收益率。

表 5-9　下跌趋势中目标点位系数法与普通定投法的收益率对比

期数	目标点位	当前点位	系数	申购金额	基金净值	确认份额	普通定投收益率（%）	目标点位系数法收益率（%）
1	3 000	3 400	0.29	28.6	1	28.6	0	0
2	3 000	3 300	0.39	38.55	0.970 6	39.72	-1.47	-1.25
3	3 000	3 200	0.52	52.45	0.941 2	55.72	-2.97	-2.38
4	3 000	3 100	0.72	72.04	0.911 8	79.02	-4.5	-3.39
5	3 000	3 000	1	100	0.882 4	113.33	-6.07	-4.28
6	3 000	2 900	1.40	140.36	0.852 9	164.56	-7.66	-5.04
7	3 000	2 800	1.99	199.36	0.823 5	242.08	-9.3	-5.69
8	3 000	2 700	2.87	286.8	0.794 1	361.15	-10.97	-6.23
9	3 000	2 600	4.18	418.29	0.764 7	547	-12.68	-6.67
10	3 000	2 500	6.19	619.17	0.735 3	842.08	-14.44	-7.01
11	3 000	2 400	9.31	931.32	0.705 9	1 319.37	-16.24	-7.27
12	3 000	2 300	14.25	1 425.39	0.676 5	2 107.1	-18.08	-7.45
13	3 000	2 200	22.23	2 223.24	0.647 1	3 435.91	-19.98	-7.57
14	3 000	2 100	35.4	3 540.13	0.617 6	5 731.64	-21.93	-7.64
15	3 000	2 000	57.67	5 766.5	0.588 2	9 803.06	-23.94	-7.65
16	3 000	1 900	96.31	9 631.11	0.558 8	17 234.63	-26.01	-7.63
17	3 000	1 800	165.38	16 538.17	0.529 4	31 238.77	-28.14	-7.58

当市场处于深度下跌趋势时，目标系数法的系数会大于 1，并且会迅速增大。n 的取值越大时，申购金额的增长幅度越大，指数越往下跌，申购金额几何式增长的趋势就越明显。

当申购金额越来越大时，也就实现了我们所要的"低位多买"的效果，低位获得的基金份额越多，持仓成本就越低。因此，我们可以从图 5-8 中看到，当申购金额呈几何式增长时，目标点位系数法的收益率曲线出现收敛走势，此时基金的亏损幅度趋于缓和。普通定投法由于没有在中途加码买入，收益率曲线收敛的效果并不明显，曲线依旧呈现快速往下坠落的趋势。

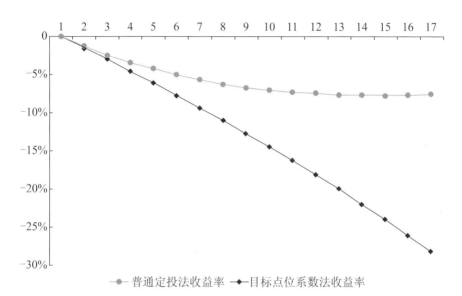

图 5-8　下跌趋势中目标点位系数法与普通定投法的收益率曲线走势差异

第三种情况：先跌后涨。

在先跌后涨的行情中，目标点位系数法同样拥有"智能化"加码与减码的能力，其收益率一样可以跑赢普通定投。

如表 5-10 所示，在下跌阶段，目标点位系数法的系数逐渐增大，申购金额呈几何式增长，亏损的收益率曲线逐渐趋于平稳，从而使得基金的亏损幅度小于普通定投的亏损幅度。

在上涨阶段，目标点位系数法自动做到逐级减码，系数不断下降，申购金额也不断减少，即使市场在上涨，持仓成本也不会被拉高太多，而成本越低，收益率就越高。

表 5-10 先跌后涨趋势中目标点位系数法与普通定投法的收益率对比

期数	目标点位	当前点位	系数	申购金额	基金净值	确认份额	普通定投收益率（%）	目标点位系数法收益率（%）
1	3 000	3 400	0.29	28.6	1	28.6	0	0
2	3 000	3 300	0.39	38.55	0.970 6	39.72	-1.47	-1.25
3	3 000	3 200	0.52	52.45	0.941 2	55.72	-2.97	-2.38
4	3 000	3 100	0.72	72.04	0.911 8	79.02	-4.5	-3.39
5	3 000	3 000	1	100	0.882 4	113.33	-6.07	-4.28
6	3 000	2 900	1.4	140.36	0.852 9	164.56	-7.66	-5.04
7	3 000	2 800	1.99	199.36	0.823 5	242.08	-9.3	-5.69
8	3 000	2 700	2.87	286.8	0.794 1	361.15	-10.97	-6.23
9	3 000	2 800	1.99	199.36	0.823 5	242.08	-6.82	-2.26
10	3 000	2 900	1.4	140.36	0.852 9	164.56	-3.14	1.09
11	3 000	3 000	1	100	0.882 4	113.33	0.18	4.24
12	3 000	3 100	0.72	72.04	0.911 8	79.02	3.22	7.32
13	3 000	3 200	0.52	52.45	0.941 2	55.72	6.05	10.4
14	3 000	3 300	0.39	38.55	0.970 6	39.72	8.7	13.5
15	3 000	3 400	0.29	28.6	1	28.6	11.19	16.63
16	3 000	3 500	0.21	21.41	1.029 4	20.79	13.56	19.79
17	3 000	3 600	0.16	16.15	1.058 8	15.25	15.81	22.97

如图 5-9 所示，当标的指数下跌至 2 700 点最低位时，目标点位系数法的定投收益率为 -6.23%，而普通定投法的收益率为 -10.97%。当标的指数重新回升并上涨至 3 600 点时，普通定投法由于亏损幅度较大，仅仅在第 11 期才回本，而目标点位系数法在第 10 期便已经回本。随后普通定投法由于没有减少买入金额，令基金持仓成本逐渐往上移，收益率曲线也逐渐向右倾斜，趋于平缓，拉低收益率。目标点位系数法则自动减少买入金额，收益率一直领先。

因此，在先跌后涨的行情里，我们可以看到目标点位系数法的收益率曲线始终在普通定投法收益率曲线的上方，这显示了目标点位系数法强大的持仓成本控制能力。

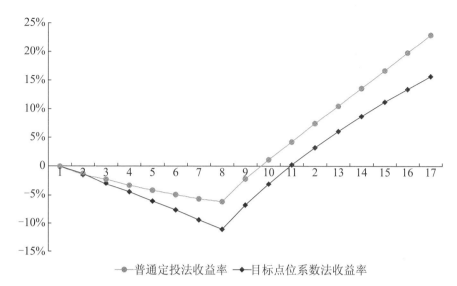

图 5-9　先跌后涨趋势中目标点位系数法与普通定投法的收益率曲线走势差异

　　第四种情况：先涨后跌。

　　先涨后跌的行情可以看成是上涨行情加上下跌行情。前文已展示了无论是上涨行情还是下跌行情，目标点位系数法的系数是可以自动调节的，因此持仓成本率也是可变的，这就意味着即便是先上涨后下跌的行情，目标点位系数法同样跑赢普通定投法。

表 5-11　先涨后跌趋势中目标点位系数法与普通定投法的收益率对比

期数	目标点位	当前点位	系数	申购金额	基金净值	确认份额	普通定投收益率（%）	目标点位系数法收益率（%）
1	3 000	2 700	2.87	286.8	1	286.8	0	0
2	3 000	2 800	1.99	199.36	1.037	192.24	1.85	2.18
3	3 000	2 900	1.4	140.36	1.074 1	130.68	3.66	4.53
4	3 000	3 000	1	100	1.111 1	90	5.43	7.01
5	3 000	3 100	0.72	72.04	1.148 1	62.75	7.15	9.63
6	3 000	3 200	0.52	52.45	1.185 2	44.25	8.84	12.35
7	3 000	3 300	0.39	38.55	1.222 2	31.54	10.49	15.17
8	3 000	3 400	0.29	28.6	1.259 3	22.71	12.11	18.08
9	3 000	3 300	0.39	38.55	1.222 2	31.54	7.83	14.02
10	3 000	3 200	0.52	52.45	1.185 2	44.25	4.11	10.02

续表

期数	目标点位	当前点位	系数	申购金额	基金净值	确认份额	普通定投收益率（%）	目标点位系数法收益率（%）
11	3 000	3 100	0.72	72.04	1.148 1	62.75	0.78	6.14
12	3 000	3 000	1	100	1.111 1	90	-2.27	2.49
13	3 000	2 900	1.4	140.36	1.074 1	130.68	-5.1	-0.83
14	3 000	2 800	1.99	199.36	1.037	192.24	-7.77	-3.69
15	3 000	2 700	2.87	286.8	1	286.8	-10.33	-6
16	3 000	2 600	4.18	418.29	0.963 0	434.38	-12.8	-7.7
17	3 000	2 500	6.19	619.17	0.925 9	668.71	-15.2	-8.8

如表 5-11 和图 5-10 所示，当标的指数从 2 700 点开始上涨，最高涨至 3 400 点时，目标系数法定投收益率可以跑赢普通定投法近 6 个百分点。下跌趋势的前半段，目标点位系数法下降幅度与普通定投下降幅度的差异并不大，但是当进入亏损阶段（收益率为负）时，目标点位系数法便启动加码买入的功能，即第 13 期时系数上升至 1.4，申购金额大于基础金额。此时，目标点位系数法的收益率曲线开始向右倾斜趋于缓和，越往后曲线越平缓。到第 17 期，普通定投法的亏损为 -15.2%，而目标点位系数法的亏损仅有 -8.8%。

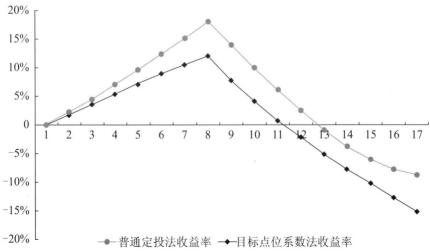

图 5-10　先涨后跌趋势中目标点位系数法与普通定投法的收益率曲线走势差异

（二）目标点位系数法的历史回测结果

既然目标点位系数法模型有着非常优秀的收益率优势，那么在真实的市场环境中，目标点位系数法的表现又如何呢？下面我们以沪深300指数以及跟踪该指数的华夏沪深300ETF联接基金作为标的物，模拟一次历时8年的真实市场环境下的基金定投。

如表5-12及图5-11所示，假设以沪深300指数2 700点作为目标点位，低于该点位时默认市场进入底部区域，高于该点位表示脱离底部区域。采用目标点位系数法，幂次方 n 取10，基础定投金额为100元，每个月定投一次，定投发生时间为每个月最后一个交易日。假设不限制最低申购金额，申购费率打一折后为0.12%，定投开始日为首次扣款日。

表 5-12　目标点位系数法定投要素表（沪深300）

目标点位系数法定投要素表项目	内　　容
标的指数	沪深300价格指数
目标点位	2 700
标的基金名称	华夏沪深300ETF联接A
定投开始日	2011-01-31
定投结束日	2019-06-30
定投频率	每月1次
定投期数（期）	102
定投时间	每个月最后一个交易日
基础金额（元）	100
是否限制申购金额	不限制
幂次方 n	10
申购费率	0.12%
赎回费率	暂不考虑
定投开始日是否为扣款日	是
分红选择方式	红利再投资

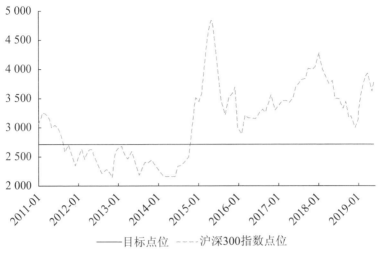

图 5-11　沪深 300 指数走势与目标点位

数据来源：Choice。

从表 5-13 和图 5-12 可以看出市场经历了两轮漫长的熊市、一轮超级牛市、一轮缓慢上涨的牛市，历经 102 期（月）之后，目标点位系数法的总收益率为 83.52%，普通定投法的总收益率为 40.13%，目标点位系数法大幅跑赢普通定投法 43.39 个百分点。在这八年半的时间里，目标点位系数法取得了 10.83% 的年化收益率，同期普通定投法仅为 7.91%。无论是最高收益还是最大亏损，目标点位系数法均有明显优势。

图 5-12　沪深 300 指数走势与目标点位

数据来源：Choice。

表 5-13　目标点位系数法与普通定投法的收益率对比　单位：%

	总收益率	年化收益率	期间最高收益率	期间最低收益率
目标点位系数法	83.52	10.83	109.95	−8.28
普通定投法	40.13	7.91	87.45	−17.25

从拉低成本的角度考虑，在前期漫长的阴跌阶段，图 5-13 中最下方的虚线代表目标点位系数法的持仓单位成本，几乎是贴着基金净值往下走，说明目标点位系数法的成本管控能力非常出色。图 5-13 中间的虚线代表普通定投法的持仓单位成本，普通定投法的持仓单位成本下降速度显然没有那么快，下降幅度较为缓和。

从第 41 期开始（对应时间为 2014 年 5 月 30 日），A 股市场迎来大牛市，沪深 300 指数大幅上涨。在大牛市中，目标点位系数法的持仓单位成本并没有跟随上涨，普通定投法的持仓单位成本却一路上扬，拉低了普通定投的收益率。

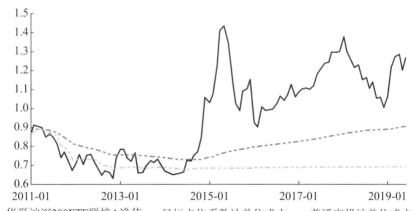

—— 华夏沪深300ETF联接A净值 --- 目标点位系数法单位成本 --- 普通定投法单位成本

图 5-13　目标点位系数法下基金单位净值与两种方法的持仓成本走势图

数据来源：Choice。

目标点位系数法持仓成本有"跟跌不跟涨"的优良基因，从 2011 年 1 月 31 日第 1 期之后，其相对普通定投的超额收益始终存在。也就是说，第 1 期定投之后，无论后续发生何种情况，目标点位系数法的收益率始终高于普通定投法，亏损始终小于普通定投法。如图 5-14 所示，这一超额收益率在最后一期（即第 102 期，对应时间为 2019

年 6 月 30 日）达到了巅峰值 43.39%。

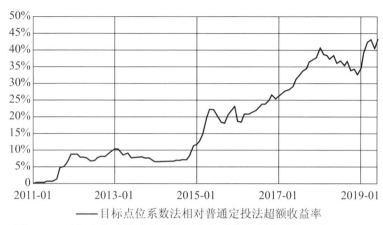

——目标点位系数法相对普通定投法超额收益率

图 5-14　目标点位系数法相对普通定投法的超额收益率（沪深 300）

数据来源：Choice。

　　从收益的绝对金额看，目标点位系数法也是当仁不让。表 5-14 和图 5-15 显示的是 102 期（月）定投完成之后，目标点位法总投入金额 17 373.75 元，盈利金额达到了 14 510.72 元。同期普通定投的总投入金额为 10 200 元，由于普通定投摊低持仓成本的能力较目标点位系数法弱，因此总收益率仅有 40.13%，普通定投赚取的绝对金额也理所应当地较目标点位系数法少很多。不过，值得注意的是，目标点位系数法每期的定投金额是不可控的，无法提前预知，且变动幅度相当大。在八年半时间内，最大定投金额大约是基础金额的 10 倍，最小定投金额接近 0 元，如此大幅波动的申购金额对投资者的资金量要求较高。

　　由于目标点位系数法的系数在下跌过程中会自动增大，因此每期定投的金额会增加，在下跌过程中，亏损绝对金额也因此增加，这对投资者的心理素质提出极高的要求，投资者必须有足够强大的意志力。

表 5-14　目标点位系数法与普通定投法的投入金额与盈利金额

	总投入	期末市值	盈利金额	最大定投金额	最小定投金额
目标点位系数法	17 373.75	31 884.47	14 510.72	1 023.74	0.29
普通定投法	10 200	14 293.55	4 093.55	100	100

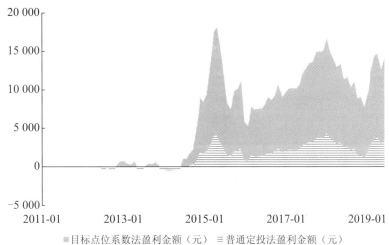

图 5-15　目标点位系数法与普通定投法的盈利金额走势图（沪深 300）

数据来源：Choice。

如图 5-16 所示，在下跌过程中，目标点位系数法的累计投入资金快速拉升，但到后期牛市来了之后，其累计投入资金的曲线几乎保持平稳。我们可以很明显地看出，目标点位系数法在先跌后涨的行情下，投资者的痛苦程度比较高，但到了后期便相对轻松。因此，笔者给它取名"先苦后甜"，这也是基金定投者获取收益率"微笑曲线"的必经历程。

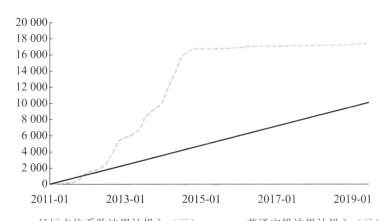

图 5-16　目标点位系数法与普通定投法的累计投入金额走势图（沪深 300）

数据来源：Choice。

（三）目标点位系数法的优势与缺陷

优点：

（1）具有出色的成本控制能力，回本周期极短。

（2）收益率始终跑赢普通定投。

（3）非常适合下跌市和先跌后涨市。

缺点：

（1）需要投资者对目标点位作出相对准确的评估，增加了投资难度。

（2）指数的成份股是动态变化的，单纯看指数点位有刻舟求剑之意。

（3）在单边上涨趋势中，过于追求收益率会使得总投入的绝对金额过低，导致总盈利绝对金额较少。

（4）每期定投金额不可控，无法提前预知，对投资者的资金量要求极高。

（5）幂次方 n 的取值决定了收益率的弹性，虽然取值越高，成本控制越好、收益率越高，但每期定投金额也会相应变大，后期市场一旦进入下跌趋势，定投金额会非常高。

（四）目标点位系数法的适用人群

（1）适用于手里有大量闲置资金的投资者。

（2）适用于有足够意志力和忍耐力的投资者。

三、进阶版 2：阶梯点位系数法

（一）操作方法与原理

目标点位系数法在成本控制上确实有强大的优势，但由于其金额不可控，常常出现申购金额超出基础金额数倍乃至数十倍的情况，容易令投资者对当期的现金流安排产生巨大压力。鉴于此，本书在目标点位系数法的基础上进行了简化，推出阶梯点位系数法。

阶梯点位系数法是目标点位系数法的简化版，它同样以标的指数的点位作为参照物，不同之处在于，阶梯点位系数法以标的指数的点位区间作为决策依据。当指数点位处于某个区间内，其申购金额是固定的。只有当标的指数的点位脱离该区间并进入另外一个区间时，申购金额才会发生变化。阶梯点位系数法的公式总结如下。

$$\text{阶梯点位系数法申购金额}=M\times\text{申购金额}$$

$$\text{阶梯点位系数法确认份额}=\frac{\text{申购金额}\times(1-\text{申购费率})}{\text{基金单位净值}}$$

其中，M 代表指数点位区间所对应的申购系数，指数点位所处的区间数值越小，M 的取值越大。

下面，我们分别以上涨市、下跌市、先跌后涨和先涨后跌 4 种行情，展示阶梯点位系数法模型的效果。

假设阶梯点位系数法的系数 M 取值如表 5-15 所示，阶梯点位系数法模型的定投要素表如表 5-16 所示。再假设指数基金的净值与标的指数的涨跌幅一致，标的指数每期涨跌为正负 100 点，基金初始净值为 1 元，基础金额为 100 元，不考虑申购费和赎回费。

表 5-15　阶梯点位系数法 M 取值示例

标的指数点位（S）区间	阶梯点位系数法 M 取值
S ＞ 3 500	0.5
3 000 ＜ S ≤ 3 500	1.0
2 500 ＜ S ≤ 3 000	2.0
2 000 ＜ S ≤ 2 500	2.5
1 000 ＜ S ≤ 2 000	3.0

表 5-16　阶梯点位系数法定投要素表

初始净值	定投期数	指数涨跌	申购费率	赎回费率	基础金额
1	17	±100	0	0	100

第一种情况：下跌市。

在下跌趋势中，阶梯点位系数法并非随指数点位的下跌而随时增加申购金额，而是在某个区间内保持恒定。如表 5-17 所示，当指数从 3 500 点下跌至 3 100 点时，申购金额依旧为 100 元。图 5-17 中，两种方法的曲线走势在指数从 3 500 点下跌至 3 100 点时叠加在一起，此时阶梯点位系数法与普通定投法的收益率一致。

表 5-17　阶梯点位系数法在下跌市中的表现

期数	指数点位	M 系数	申购金额	基金净值	确认份额	普通定投法收益率（%）	阶梯点位系数法定投收益率（%）
1	3 500	1	100	1	100	0	0
2	3 400	1	100	0.971 4	102.94	−1.43	−1.43
3	3 300	1	100	0.942 9	106.06	−2.89	−2.89
4	3 200	1	100	0.914 3	109.38	−4.37	−4.37
5	3 100	1	100	0.885 7	112.9	−5.89	−5.89
6	3 000	2	200	0.857 1	233.33	−7.44	−6.37
7	2 900	2	200	0.828 6	241.38	−9.02	−7.38
8	2 800	2	200	0.8	250	−10.64	−8.66
9	2 700	2	200	0.771 4	259.26	−12.29	−10.08
10	2 600	2	200	0.742 9	269.23	−13.99	−11.63
11	2 500	2.5	250	0.714 3	350	−15.72	−12.88
12	2 400	2.5	250	0.685 7	364.58	−17.50	−14.32
13	2 300	2.5	250	0.657 1	380.43	−19.33	−15.9
14	2 200	2.5	250	0.628 6	397.73	−21.21	−17.6
15	2 100	2.5	250	0.6	416.67	−23.13	−19.41
16	2 000	3	300	0.571 4	525	−25.12	−20.96
17	1 900	3	300	0.542 9	552.63	−27.17	−22.68

只有当指数点位进入另一个区间内，M 的取值才发生变化，此时定投金额也随之发生变化，定投申购金额呈阶梯状走势。如图 5-17 展示的下跌趋势的收益率差异，当指数点位越低时，阶梯点位系数法摊低成本的效果越显著。当定投进入第 17 期时，阶梯点位系数法每期的申购金额为 300 元，而普通定投法依旧为 100 元。阶梯点位系数法定投收益率为 -22.68%，普通定投法收益率为 -27.17%。阶梯点位系数法收益率跑赢普通定投法 4.49 个百分点，在下跌趋势中亏损幅度

较小，显示了良好的摊低成本的效果。

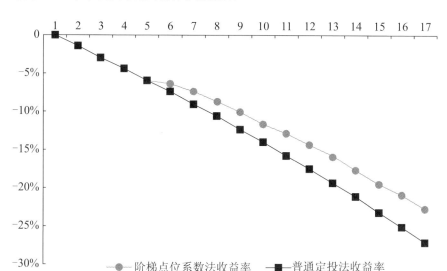

图 5-17　阶梯点位系数法与普通定投法收益率走势差异（下跌市）

第二种情况：上涨市。

在上涨趋势中，随着指数点位不断上移，M 系数取值呈现阶梯式下降的趋势，普通定投法依旧采用等同金额进行申购。由此带来的差异是两种方法的持仓成本上移速度将出现分化。在阶梯式点位系数法下，M 系数逐渐下降，申购金额也随之下降，上涨过程中获得的份额逐渐减少，成本抬升速度放缓，收益率得到进一步提升。而普通定投法在等同申购金额下，其持仓成本上移的速度是相对匀速的。因此，与阶梯点位系数法收益率对比，普通定投法的收益率更低。

表 5-18　阶梯点位系数法在上涨市中的表现

期数	指数点位	M 系数	申购金额	基金净值	确认份额	普通定投法收益率（%）	阶梯点位系数法定投收益率（%）
1	1 900	3	300	1	300	0	0
2	2 000	3	300	1.052 6	285	2.63	2.63
3	2 100	2.5	250	1.105 3	226.19	5.18	5.48
4	2 200	2.5	250	1.157 9	215.91	7.64	8.12
5	2 300	2.5	250	1.210 5	206.52	10.02	10.62
6	2 400	2.5	250	1.263 2	197.92	12.34	13.02

续表

期数	指数点位	M 系数	申购金额	基金净值	确认份额	普通定投法收益率（%）	阶梯点位系数法定投收益率（%）
7	2 500	2.5	250	1.315 8	190	14.59	15.33
8	2 600	2	200	1.368 4	146.15	16.78	18
9	2 700	2	200	1.421 1	140.74	18.9	20.53
10	2 800	2	200	1.473 7	135.71	20.98	22.96
11	2 900	2	200	1.526 3	131.03	23	25.28
12	3 000	2	200	1.578 9	126.67	24.97	27.53
13	3 100	1	100	1.631 6	61.29	26.89	30.7
14	3 200	1	100	1.684 2	59.38	28.77	33.77
15	3 300	1	100	1.736 8	57.58	30.61	36.75
16	3 400	1	100	1.789 5	55.88	32.41	39.63
17	3 500	1	100	1.842 1	54.29	34.17	42.43

如表 5-18 所示，定投 17 期，阶梯点位系数法的收益率为 42.43%，普通定投法的收益率为 34.17%，阶梯点位系数法跑赢普通定投法 8.27 个百分点。

反映在收益率曲线上，当阶梯点位系数法的 M 取值一旦发生改变之后，成本立即随之改变，收益率曲线的走势也就产生了分化。图 5-18 反映了阶梯点位系数法在上涨趋势中取得较好的收益率表现。

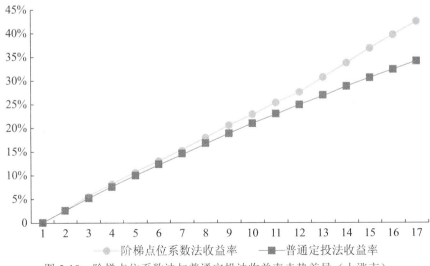

图 5-18　阶梯点位系数法与普通定投法收益率走势差异（上涨市）

第三种情况：先跌后涨市。

先跌后涨趋势可以分拆成两段来分析：第一阶段是下跌阶段，第二阶段是上涨阶段。在下跌阶段中，随着系数 M 上升，阶梯点位系数法申购金额增加，低位获得了更多的基金份额，持仓成本更低，亏损幅度更小。在上涨趋势中，随着系数 M 降低，阶梯点位系数法下申购金额减少，高位获得的基金份额更少，持仓成本更低，收益率更高。如表 5-19 所示，在先跌后涨行情中，定投 17 期后，普通定投法的收益率为 12.76%，阶梯点位系数法的收益率达到 15.47%，跑赢普通定投法 2.71 个百分点，图 5-19 同样展示了阶梯点位系数法较好的收益率优势。

表 5-19　阶梯点位系数法在先跌后涨市中的表现

期数	指数点位	M 系数	申购金额	基金净值	确认份额	普通定投法收益率（％）	阶梯点位系数法定投收益率（％）
1	3 500	1	100	1	100	0	0
2	3 400	1	100	0.971 4	102.94	−1.43	−1.43
3	3 300	1	100	0.942 9	106.06	−2.89	−2.89
4	3 200	1	100	0.914 3	109.38	−4.37	−4.37
5	3 100	1	100	0.885 7	112.9	−5.89	−5.89
6	3 000	2	200	0.857 1	233.33	−7.44	−6.37
7	2 900	2	200	0.828 6	241.38	−9.02	−7.38
8	2 800	2	200	0.8	250	−10.64	−8.66
9	2 700	2	200	0.771 4	259.26	−12.29	−10.08
10	2 800	2	200	0.8	250	−8.14	−5.85
11	2 900	2	200	0.828 6	241.38	−4.42	−2.2
12	3 000	2	200	0.857 1	233.33	−1.03	1.05
13	3 100	1	100	0.885 7	112.9	2.1	4.2
14	3 200	1	100	0.914 3	109.38	5.01	7.2
15	3 300	1	100	0.942 9	106.06	7.73	10.07
16	3 400	1	100	0.971 4	102.94	10.31	12.82
17	3 500	1	100	1	100	12.76	15.47

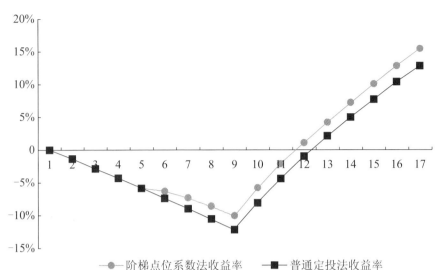

图 5-19　阶梯点位系数法与普通定投法收益率走势差异（先跌后涨市）

第四种情况：先涨后跌。

与先跌后涨市的分析方法类似，先涨后跌市同样可以拆成两段来分析，第一阶段为上涨阶段，第二阶段为下跌阶段。上涨阶段由于系数 M 随指数上升而下降，因此阶梯点位系数法总体的持仓成本比普通定投法的持仓成本更低。下跌阶段中，M 系数随指数下降而上升，申购金额增加，低位获得更多的基金份额。因此，理论上，阶梯点位系数法在先涨后跌的行情中依然可以保持收益率优势。

表 5-20　阶梯点位系数法在先涨后跌市中的表现

期数	指数点位	M 系数	申购金额	基金净值	确认份额	普通定投法收益率（%）	阶梯点位系数法定投收益率（%）
1	1 900	3	300	1	300	0	0
2	2 000	3	300	1.052 6	285	2.63	2.63
3	2 100	2.5	250	1.105 3	226.19	5.18	5.48
4	2 200	2.5	250	1.157 9	215.91	7.64	8.12
5	2 300	2.5	250	1.210 5	206.52	10.02	10.62
6	2 400	2.5	250	1.263 2	197.92	12.34	13.02
7	2 500	2.5	250	1.315 8	190	14.59	15.33
8	2 600	2	200	1.368 4	146.15	16.78	18

续表

期数	指数点位	M系数	申购金额	基金净值	确认份额	普通定投法收益率（%）	阶梯点位系数法定投收益率（%）
9	2 700	2	200	1.421 1	140.74	18.9	20.53
10	2 600	2	200	1.368 4	146.15	13.05	14.76
11	2 500	2.5	250	1.315 8	190	7.91	9.39
12	2 400	2.5	250	1.263 2	197.92	3.30	4.59
13	2 300	2.5	250	1.210 5	206.52	−0.93	0.21
14	2 200	2.5	250	1.157 9	215.91	−4.86	−3.85
15	2 100	2.5	250	1.105 3	226.19	−8.58	−7.66
16	2 000	3	300	1.052 6	285	−12.12	−11.15
17	1 900	3	300	1	300	−15.54	−14.51

如表 5-20 和图 5-20 所示，当完成全部期数的定投后，阶梯点位系数法收益率为 -14.51%，普通定投法收益率为 -15.54%，亏损幅度较普通定投法更小。如果将定投的期限拉长，则阶梯点位系数法的收益率优势将更加明显。

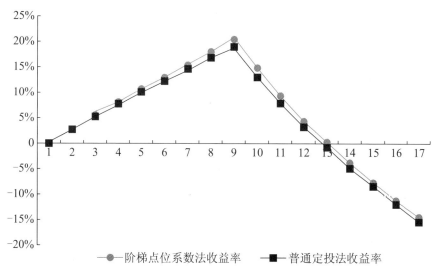

图 5-20　阶梯点位系数法与普通定投法收益率走势差异（先跌后涨市）

对上述四种行情下阶梯点位系数法的表现，无论是哪一种行情，阶梯点位系数法的收益率始终超过普通定投法，即使是亏损，亏损幅

度也小于普通定投法。如图 5-21 所示，四种行情下，阶梯点位系数
法始终保持正向超额收益，其中，在上涨趋势里，阶梯点位系数法的
超额收益率会随着系数 M 的下降而快速拉升。

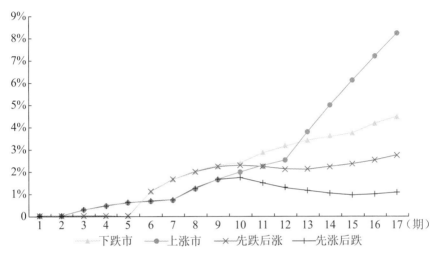

图 5-21　阶梯点位系数法在四种行情下相对普通定投法的超额收益率

（二）阶梯点位系数法历史回测结果

阶梯点位系数法很好地继承了目标点位系数法"低位多买、高位
少买"的原则，理论上，模型的收益率可以在任何时候都不会跑输普
通定投法，收益率远超普通定投法。下面我们以真实市场环境下的基
金定投回测数据作为案例，进一步说明阶梯点位系数法的优势。

以沪深 300 指数为例，在阶梯点位系数法下，系数 M 的取值如
表 5-21 所示，M 取值可根据投资者的喜好自行调整，但应遵循"点位低，
系数高；点位高，系数低"的原则。

表 5-21　阶梯点位系数法 M 取值（沪深 300 回测）

沪深 300 指数点位（S）区间	阶梯点位系数法 M 取值
S>3 500	0
3 300<S ≤ 3 500	0.5

续表

沪深 300 指数点位（S）区间	阶梯点位系数法 M 取值
3 000<S ≤ 3 300	1
2 800<S ≤ 3 000	1.5
2 500<S ≤ 2 800	2
2 000<S ≤ 2 500	2.5
S ≤ 2 000	3

以表 5-22 为例，广发沪深 300ETF 联接 A 作为定投标的，2010 年 1 月至 2019 年 6 月作为定投期，历时九年半，共 114 个月。假设基础金额为每次 1,000 元，每月定投一次，定投日为每月最后一个交易日。假设基金申购费率按官方费率的一折，即 0.12% 计算，定投开始日即为首次扣款日，分红选择红利再投资。

表 5-22 阶梯点位系数法定投要素表（沪深 300 回测）

阶梯点位系数法定投要素表项目	内 容
标的指数	沪深 300 价格指数
标的基金名称	广发沪深 300ETF 联接 A
定投开始日	2010-01-29
定投结束日	2019-06-28
定投频率	每月 1 次
定投期数（期）	114
定投时间	每个月最后一个交易日
基础金额（元）	1 000
是否限制申购金额	不限制
申购费率（按一折）	0.12%
赎回费率	暂不考虑
定投开始日是否为扣款日	是
分红选择方式	红利再投资

毫无悬念，即使耗时九年半，穿越牛熊后，阶梯点位系数法的收益率仍然强势跑赢普通定投法的收益率。如表 5-23 所示，历经 114 个月，阶梯点位系数法取得的总收益率为 59.31%，超越普通定投法收益率 22.71 个百分点。阶梯点位系数法的年化收益率为 7.84%，同期普通定投法年化收益率仅为 6.51%。此外，无论是期间最高收益率，

还是最大亏损，阶梯点位系数法均战胜普通定投法。

表 5-23　阶梯点位系数法定投沪深 300 指数基金收益率统计　单位：%

	总收益率	年化收益率	期间最高收益率	期间最大亏损
阶梯点位系数法	59.31	7.84	96.06	-16.37
普通定投法	36.6	6.51	83.51	-19.94

2010 年 1 月至 2019 年 6 月期间，采用阶梯点位系数法定投沪深 300 指数基金，在中间任何时候，阶梯点位系数法的收益曲线走势均位于普通定投法收益曲线的上方。如图 5-22 所示，随着时间线的拉长，收益率差距会逐渐拉大。这是由于在阶梯点位系数法下，标的指数的点位越低，M 系数取值越高，低位获得的基金份额越多，加权平均持仓单位成本也就越低。

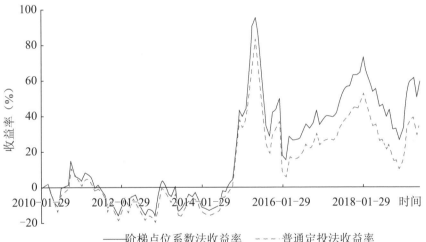

——阶梯点位系数法收益率　- - - 普通定投法收益率
图 5-22　阶梯点位系数法收益率走势（沪深 300 回测）

数据来源：Choice。

图 5-23 很直观地展示了在任何时候阶梯点位系数法相对普通定投法的超额收益率都不会为负数，最小也仅为 0。而且随着市场波动逐渐加剧，阶梯点位系数法可以更为灵活地调整申购金额。如图 5-24 所示，在定投过程中的动态调整也使得基金的持仓成本始终处在相对

低位，而普通定投法在牛市阶段时，基金持仓成本会持续走高，这对投资者相当不利。

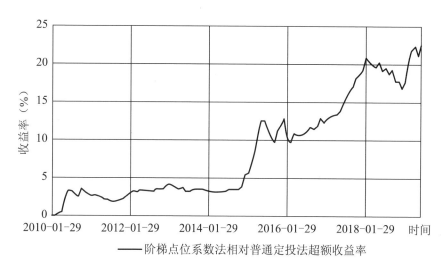

图 5-23　阶梯点位系数法相对普通定投法超额收益率（沪深 300 回测）
数据来源：Choice。

图 5-24　阶梯点位系数法与普通定投法持仓成本变化趋势（沪深 300 回测）
数据来源：Choice。

从投入与产出的绝对金额看，经历先熊后牛的市场行情，阶梯点位系数法累计投入金额为 13.45 万元，盈利金额为 7.9 万元。普通定投法由于每期固定的申购金额，两者绝对值均小于阶梯点位系数法，因此从图 5-25 也可以看出普通定投法赚的钱远远比阶梯点位系数法来得少。如表 5-24 所示，阶梯点位系数法最大定投金额为基础金额的 1.5 倍，最小定额金额为 0，阶梯点位系数法每期申购的金额波动较大，对投资者的现金流要求较高。

表 5-24　阶梯点位系数法与普通定投法投入与盈利
（沪深 300 回测）

单位：元

	总投入	期末市值	盈利金额	最大定投金额	最小定投金额
阶梯点位系数法	134 500	214 276.07	79 776.07	2 500	0
普通定投法	114 000	155 719.54	41 719.54	1 000	1 000

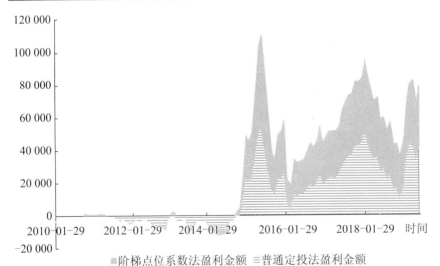

■阶梯点位系数法盈利金额　▤普通定投法盈利金额

图 5-25　阶梯点位系数法与普通定投法盈利绝对值（沪深 300 回测）

数据来源：Choice。

图 5-26 展示了阶梯点位系数法与普通定投法累计投入的走势差异，从市场行情波动角度观察，本次定投可分为 3 个阶段。

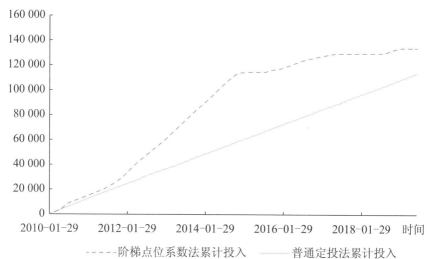

图 5-26 阶梯点位系数法与普通定投法累计投入走势差异（沪深 300 回测）

数据来源：Choice。

第一阶段是 2010 年 1 月至 2014 年 6 月，彼时沪深 300 指数处于震荡下跌阶段；第二阶段为 2014 年 7 月至 2015 年 6 月，此时市场处于牛市阶段，指数快速上涨；第三阶段为 2015 年 7 月至 2019 年 6 月，这个阶段沪深 300 指数处于宽幅震荡阶段，有大跌，也有大涨。

在第一阶段中，阶梯点位系数法的申购金额快速上升，导致累计投入的上升速度高于普通定投法。第二阶段，当市场处于牛市时，指数上升使得 M 系数的取值自动下降，每期定投的金额迅速下滑至 0 元，阶梯点位系数法的累计投入在此阶段几乎处于停滞状态。第三阶段，指数宽幅震荡，阶梯点位系数法动态调整了每期的申购金额，但由于标的指数点位较高，M 的取值并不会太高，因此每期申购金额并不大，此阶段累计投入金额爬坡速度相对较缓。

从上述三个阶段可以发现，阶梯点位系数法的特征是熊市阶段对投资者的现金流要求较高，越到后期，现金流压力反而越小。

（三）阶梯点位系数法的优势与缺陷

优势：

（1）与普通定投法相比，阶梯点位系数法具有强大的收益率优势，在任何时候收益均不低于普通定投法，亏损比例比普通定投法少。

（2）与目标点位系数法相比，阶梯点位系数法的定投金额相对可控。在阶梯点位系数法下，投资者可根据自己的风险偏好和资金情况适当调整 M 系数来调整每期的申购金额，每期最大的投资金额与最小投资金额事先已经知道，可做到心中有底。

缺陷：

（1）在熊市阶段，随着指数点位的走低，每期投入的资金会逐渐加大，对投资者的现金流会构成较大压力。

（2）如果在刚买入基金后出现持续性牛市，阶梯点位系数法 M 系数的取值会自动下降，导致每期投入金额减少，未来盈利的绝对额也较少。

（3）系数 M 的取值取决于每个投资者对指数点位的把控，需要投资者有较强的市场敏感度，对专业性要求较高，适用人群相应变窄。

（4）指数的成份股定期调仓，指数点位也会不断变化，单纯参考历史行情来判断点位的高低有刻舟求剑之意。

（四）阶梯点位系数法的适用人群

（1）适用于有一定资金量、可适当变化定投金额的投资者。

（2）适用于有较高风险偏好的投资者，可以忍受较大的亏损和长久的等待。

（3）由于需要不断观察指数点位以调整每期投入资金，因此该方法适用于有较多空闲时间的投资者。

四、进阶版 3：成本偏离法

无论是目标点位系数法还是阶梯点位系数法，它们都有共同的特征，即以指数点位作为参照物，申购金额实质上是由参照物和目标物之间的偏离幅度决定的。简言之，在目标点位系数法和阶梯点位系数法下，投资者预先设定的目标物与参照的指数点位距离越近，申购金额则越向基础金额靠拢，目标物与参照指数点位距离越远，申购金额偏离基础金额就越大。

这种依赖某类参照物与投资者预先设定的目标物之间动态对比的定投方式，笔者通常将其归纳为偏离定投法，即根据参照物偏离目标物距离的大小来确定购买多少金额的基金。偏离定投法是目前市面上大部分基金公司采用的智能定投方法的雏形，其中，均线偏离法是目前市面上运用最广泛的一种偏离定投法。

所谓均线偏离法，是指投资者预先选定某个指数的均线，这条均线可以是短期均线，也可以是中长期均线，以此作为参照物。当指数点位处于该均线下方时，投资者会增加定投金额；当指数点位处于该均线上方时，则会减少定投金额。

均线偏离法在智能定投的圈子里有着广泛的群众基础，特别是近些年在公募基金和部分基金代销平台陆续推出智能定投之后，这种方法的普及程度越来越高。均线偏离法总体上遵循"低位多买、高位少买"的定投原则，优点是简单易懂、操作方便，在成本控制方面较普通定投法更出色。

均线偏离法的缺点是不能直接根据持仓收益的高低来调整申购金额，其调整申购金额的逻辑取决于投资者所选参照指数的某条均线，只有当指数的点位处于该均线下方或上方时，申购金额才会发生变化，无法直接影响持仓收益。而定投收益率的高低取决于持仓成本的高低，这种对应关系是 100%，持仓成本低了，收益率自然高，反过来收益率就变低。

如果在持仓成本与基金净值之间建立起对照关系，那么我们可以更加直接地控制投资收益率。基于此，笔者推出成本偏离法定投策略。成本偏离法定投策略直接以持仓成本作为参照物，可以快速地优化投资者的持仓成本，直接提高收益率或降低亏损比例。

（一）操作方法与原理

成本偏离法取持仓单位成本与基金净值进行对照，持仓单位成本作为参照物，并根据基金净值线偏离成本线的距离大小来调整申购金额。成本偏离法的申购金额等于基础金额乘以权重，这个权重的含义是净值线与成本线偏离幅度的大小，我们将这个权重称为成本偏离度。

当基金净值处于持仓成本线以下，即处于亏损时，成本偏离度将大于 1；当基金净值处于持仓成本线上方，即处于盈利时，成本偏离度将小于 1；当处于盈亏平衡时，则成本偏离度刚好等于 1。成本偏离度乘以基础金额，该金额是投资者预先设置好的正常情况下每期的定投金额。当处于亏损状态时，投资者申购金额会高于基础金额，从而获得更多的基金份额，摊低持仓成本；当处于盈利状态时，投资者申购金额将小于基础金额，从而获得的基金份额更少，成本上移的速度也更慢，可以保证更高的收益率。该公式总结如下。

$$成本偏离法申购金额 = 成本偏离度 \times 基础金额$$

$$成本偏离法申购金额 = \left(\frac{上期末持仓单位成本}{本期预估单位净值}\right)^n \times 基础金额$$

$$成本偏离法确认份额 = \frac{申购金额 \times (1-申购费率)}{基金单位净值}$$

其中，$\left(\dfrac{上期末持仓单位成本}{本期预估单位净值}\right)^n$ 就是成本偏离度，幂次方 n 具有动态调整权重高低的功能。n 越高，亏损时所获得的份额越低，投资者持仓成本越低，高位获得的基金份额将越少，收益率越高；n 越低，情况则恰好相反。值得注意的是，成本偏离法下幂次方 n 的取值不得为负数。本

期预估单位净值指的是根据未知价原则，对拟成交的基金预估的价格或
净值。如果投资者购买的是场内基金，则预估净值就是场内的实时交易
价格；如果购买的是场外基金，可按指数盘中的涨跌幅预估指数基金的
实时净值；如无法预估，则取上期末的基金单位净值。

我仍以下跌市、上涨市、先跌后涨市和先涨后跌市 4 种常见的市
场行情模拟成本偏离法的效果。4 种模拟行情要素取值如表 5-25 所示，
假设定投的基础金额为 100 元，定投期数 17 期，基金初始单位净值
为 1 元，净值每期的波动幅度为 ±0.05 元，幂次方 n 取值为 10，不
考虑申购费率和赎回费率。

表 5-25　成本偏离法定投要素表（四种行情推理）

基础金额	定投期数	初始净值	净值涨跌	n	申购费率	赎回费率
100	17	1	±0.05	10	0	0

第一种情况：下跌市。

在下跌趋势中，亏损是常态，此时基金净值低于持仓成本，成本
偏离度大于1，可以获得高于基础金额的申购金额。表 5-26 中，基金
净值不断下跌，净值与持仓成本偏离越远，亏幅度越大。此时，成本
偏离度增大，投资者的申购金额随即增加，低位获得更多的份额，摊
低成本的效果优于普通定投法。

表 5-26　成本偏离法与普通定投法收益率对比（下跌市）

期　数	预估净值	成本偏离度	持仓成本	申购金额	确认份额	普通定投法收益率（％）	成本偏离法定投收益率（％）
1	1	1	1	100	100	0	0
2	0.95	1.67	0.968 1	167.02	175.81	-2.5	-1.87
3	0.9	2.07	0.937 1	207.45	230.5	-5.09	-3.96
4	0.85	2.65	0.903 9	265.3	312.11	-7.77	-5.96
5	0.8	3.39	0.868 4	339.05	423.81	-10.56	-7.88
6	0.75	4.33	0.830 8	433.33	577.77	-13.46	-9.73
7	0.7	5.55	0.791 1	554.91	792.72	-16.48	-11.52
8	0.65	7.14	0.749 4	713.56	1 097.78	-19.64	-13.26
9	0.6	9.24	0.705 6	923.73	1 539.55	-22.95	-14.96
10	0.55	12.07	0.659 7	1 207.35	2 195.18	-26.44	-16.63

续表

期　数	预估净值	成本偏离度	持仓成本	申购金额	确认份额	普通定投法收益率（％）	成本偏离法定投收益率（％）
11	0.5	15.99	0.611 7	1 598.89	3 197.77	-30.11	-18.26
12	0.45	21.55	0.561 5	2 154.86	4 788.59	-34.01	-19.86
13	0.4	29.73	0.509	2 973	7 432.49	-38.16	-21.42
14	0.35	42.34	0.454	4 233.75	12 096.42	-42.61	-22.91
15	0.3	63.01	0.396 2	6 300.5	21 001.68	-47.42	-24.28
16	0.25	99.96	0.335 3	9 996.21	39 984.84	-52.67	-25.43
17	0.2	175.29	0.270 7	17 528.55	87 642.73	-58.48	-26.12

当净值从1元下跌至0.2元时，如果是一次性投资，收益率为-80%，普通定投法的收益率则为-58.48%，而成本偏离法仅有-26.12%的亏损，成本控制能力相当出色。如图5-27所示，成本偏离法的收益率曲线越往下越平缓，这便是成本偏离度上升带来的效果。

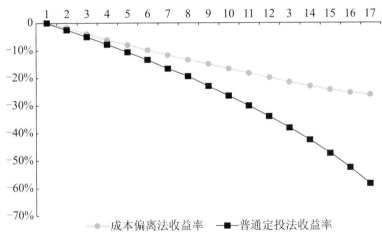

图5-27　成本偏离法与普通定投法收益率曲线走向（下跌市）

细心的投资者会发现，图5-28所示的下跌行情中，在相同条件下成本偏离法与目标点位系数法的申购金额的波动趋势居然高度一致。造成这一巧合的逻辑是目标点位系数法与成本偏离法的公式本质上均属于指数函数，当标的指数下跌时，申购金额便出现几何式增长的走势。指数函数原理应用在基金定投的下跌市时，它的优势在于成本控制非常出色，但缺点是申购金额波动巨大，且每期申购的金额无法提前预估，很容易对投资者造成现金流压力。

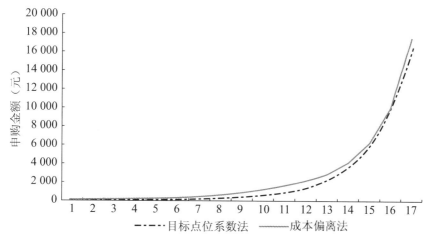

图 5-28 成本偏离法与目标点位系数法申购金额波动趋势（下跌市）

第二种情况：上涨市。

在上涨趋势中，基金净值会跟随指数快速上升，基金净值会逐渐高于持仓成本，成本偏离度会越来越小，申购金额也将越来越低。如表 5-27 所示，当成本偏离度随净值下降时，申购金额由基础金额 100 元逐步减少，每期确认的基金份额也越来越少，令持仓成本上升幅度大大低于基金净值上升幅度。

表 5-27 成本偏离法与普通定投法收益率对比（上涨市）

期数	预估净值	成本偏离度	持仓成本	申购金额	确认份额	普通定投法收益率（％）	成本偏离法定投收益率（％）
1	1	1	1	100	100	0	0
2	1.05	0.61	1.018 4	61.39	58.47	2.5	3.1
3	1.1	0.46	1.035 6	46.29	42.08	4.92	6.22
4	1.15	0.35	1.050 7	35.06	30.48	7.27	9.46
5	1.2	0.26	1.063 7	26.47	22.06	9.54	12.82
6	1.25	0.20	1.074 7	19.91	15.93	11.76	16.31
7	1.3	0.15	1.083 9	14.91	11.47	13.91	19.94
8	1.35	0.11	1.091 5	11.13	8.25	16	23.68
9	1.4	0.08	1.097 7	8.3	5.93	18.05	27.54
10	1.45	0.06	1.102 8	6.18	4.26	20.04	31.49

续表

期数	预估净值	成本偏离度	持仓成本	申购金额	确认份额	普通定投法收益率（%）	成本偏离法定投收益率（%）
11	1.5	0.05	1.106 8	4.61	3.07	21.98	35.53
12	1.55	0.03	1.11	3.45	2.22	23.87	39.64
13	1.6	0.03	1.112 6	2.58	1.61	25.72	43.8
14	1.65	0.02	1.114 7	1.94	1.18	27.54	48.02
15	1.7	0.01	1.116 3	1.47	0.86	29.31	52.29
16	1.75	0.01	1.117 6	1.12	0.64	31.04	56.58
17	1.8	0.01	1.118 7	0.85	0.47	32.74	60.9

成本偏离度之所以会在上涨行情中快速降低，是因为分子除以分母小于1，再乘以幂次方则更小，因此基础金额再乘以小于1的数得出的申购金额也就更低。如此一来，我们便可看到图5-29所示的收益率走势差异，成本偏离法的收益率为60.9%，而同期普通定投法的收益率仅为32.74%，收益率悬殊。

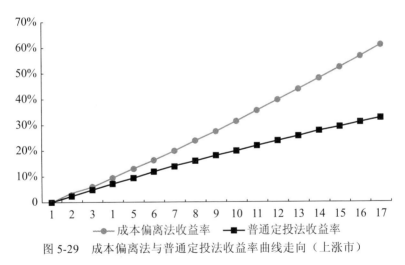

图 5-29 成本偏离法与普通定投法收益率曲线走向（上涨市）

不过，成本偏离法在上涨趋势中存在的弊端也较为严重。当基金净值持续上涨时，每期的申购金额不断下降，这与目标点位系数法非常相似。如图5-30所示，成本偏离法与目标点位系数法的申购金额曲线均呈现向右倾斜的趋势，特别是到了最后几期，申购金额几乎为0。

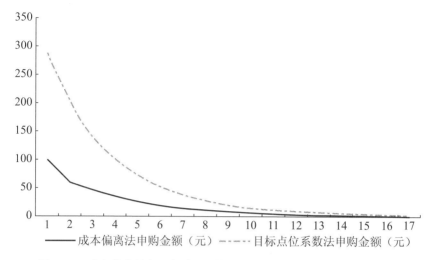

图 5-30　成本偏离法与目标点位系数法申购金额波动趋势（上涨市）

　　两种方法的申购金额曲线走向相似，同样是因为公式是指数函数，这种情况下，成本偏离法与目标点位系数法的弊病在于无法积累足够的投资金额。如图 5-31 所示，成本偏离法与目标点位系数法的累计投入金额增长到一定阶段时，曲线的走向便趋于平稳，越到后期，每期申购金额越少，总投入的边际递增效果越差。这会导致投资者投入的绝对金额过低，投资者赚的钱就没那么多。

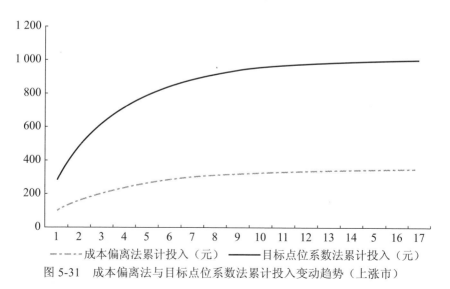

图 5-31　成本偏离法与目标点位系数法累计投入变动趋势（上涨市）

第三种情况：先跌后涨市。

先跌后涨市可拆分为下跌市和上涨市，由于成本偏离法在下跌趋势的亏损幅度和上涨趋势的收益幅度均碾压普通定投法，因此在先跌后涨市中的收益率同样碾压普通定投法。先跌后涨趋势是笔者最喜欢的行情，在这种行情里，投资者不但可以积累足够多的筹码，而且成本的控制效果也相当出色，特别适合"牛短熊长"的中国股市。

如表 5-28 和图 5-32 所示，当 17 期定投全部完成后，基金净值从 1元下跌至 0.7 元，又返回至 1 元时，普通定投法的收益率仅有 26.16%，而成本偏离法收益率可达 41.98%，跑赢普通定投法 15.82 个百分点。

表 5-28　成本偏离法与普通定投法收益率对比（先跌后涨）

期数	预估净值	成本偏离度	持仓成本	申购金额	确认份额	普通定投法收益率（％）	成本偏离法定投收益率（％）
1	1	1	1	100	100	0	0
2	0.95	1.67	0.968 1	167.02	175.81	−2.5	−1.87
3	0.9	2.07	0.937 1	207.45	230.5	−5.09	−3.96
4	0.85	2.65	0.903 9	265.3	312.11	−7.77	−5.96
5	0.8	3.39	0.868 4	339.05	423.81	−10.56	−7.88
6	0.75	4.33	0.830 8	433.33	577.77	−13.46	−9.73
7	0.7	5.55	0.791 1	554.91	792.72	−16.48	−11.52
8	0.65	7.14	0.749 4	713.56	1 097.78	−19.64	−13.26
9	0.6	9.24	0.705 6	923.73	1 539.55	−22.95	−14.96
10	0.65	2.27	0.702 1	227.16	349.47	−14.88	−7.42
11	0.7	1.03	0.702 1	103.06	147.22	−7.57	−0.29
12	0.75	0.52	0.702 6	51.65	68.87	−0.89	6.74
13	0.8	0.27	0.703 2	27.31	34.14	5.28	13.77
14	0.85	0.15	0.703 6	15.02	17.67	11.01	20.80
15	0.9	0.09	0.704	8.53	9.48	16.37	27.85
16	0.95	0.05	0.704 2	4.99	5.25	21.41	34.91
17	1	0.03	0.704 3	3	3	26.16	41.98

有别于上涨趋势里投入绝对值过低的情形，在先跌后涨市中，盈利金额绝对值过低的尴尬局面不会存在。如图 5-33 所示，下跌前期，成本偏离法可快速积累投入金额。当市场进入反弹阶段时，成本偏离

法每期投入减少，呈现出前期多买、后期少买的情形，投入的总资金高于普通定投法，赚的钱自然比普通定投法多。

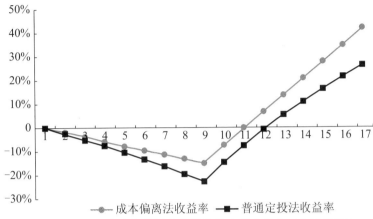

图 5-32 成本偏离法与普通定投法收益率变动趋势（先跌后涨）

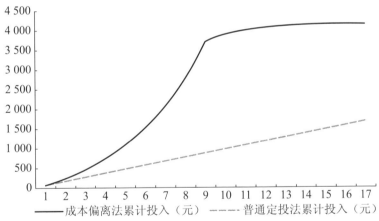

图 5-33 成本偏离法与普通定投法的累计投入变动趋势（先跌后涨）

第四种情况：先涨后跌市。

先涨后跌市同样可拆分为上涨市和下跌市两个阶段来分析，由于每个阶段收益率均超过普通定投法收益率，因此在这种行情下收益率也可以跑赢普通定投。收益率差异与收益率曲线分别如表 5-29 和图 5-34 所示，具体不再展开。

表 5-29　成本偏离法与普通定投法收益率对比（先涨后跌）

期数	预估净值	成本偏离度	持仓成本	申购金额	确认份额	普通定投法收益率（%）	成本偏离法定投收益率（%）
1	1	1	1	100	100	0	0
2	1.05	0.61	1.018 4	61.39	58.47	2.5	3.1
3	1.1	0.46	1.035 6	46.29	42.08	4.92	6.22
4	1.15	0.35	1.050 7	35.06	30.48	7.27	9.46
5	1.2	0.26	1.063 7	26.47	22.06	9.54	12.82
6	1.25	0.2	1.074 7	19.91	15.93	11.76	16.31
7	1.3	0.15	1.083 9	14.91	11.47	13.91	19.94
8	1.35	0.11	1.091 5	11.13	8.25	16	23.68
9	1.4	0.08	1.097 7	8.3	5.93	18.05	27.54
10	1.35	0.13	1.105 5	12.64	9.36	12.45	22.12
11	1.3	0.2	1.114 8	19.78	15.21	7.53	16.62
12	1.25	0.32	1.124 7	31.82	25.46	3.11	11.14
13	1.2	0.52	1.133 2	52.33	43.61	-0.94	5.89
14	1.15	0.86	1.135 9	86.31	75.06	-4.7	1.24
15	1.1	1.38	1.128 3	137.9	125.36	-8.26	-2.51
16	1.05	2.05	1.108 8	205.23	195.46	-11.65	-5.3
17	1	2.81	1.080 1	280.79	280.79	-14.92	-7.41

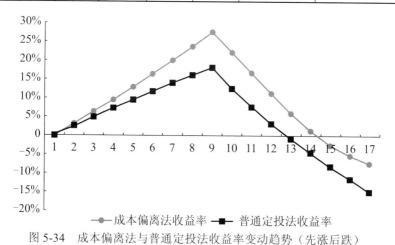

图 5-34　成本偏离法与普通定投法收益率变动趋势（先涨后跌）

（二）成本偏离法历史回测结果

既然成本偏离法在 4 种行情里能取得优异的收益率，那么，它在真实的市场里是否也能取得不错的成绩?

以恒生指数为例,假设定投标的基金为华夏恒生 ETF 联接 A,采用成本偏离法进行历史回测。以表 5-30 展示内容作为定投基础要素,定投开始日为 2013 年 1 月 31 日,定投结束日为 2019 年 6 月 30 日,定投频率为每月一次,交易时间为每月最后一个交易日,一共定投 78 期。假设每期基础金额为 1 000 元,成本偏离法下幂次方 n 取 10。申购费率按一折算为 0.12%,不考虑赎回费率,不限制最低申购金额,分红选择再投资。

表 5-30 成本偏离法定投要素表(恒生指数)

成本偏离法定投要素表项目	内 容
标的指数	香港恒生指数
标的基金名称	华夏恒生 ETF 联接 A
定投开始日	2013-01-31
定投结束日	2019-06-30
定投频率	每月 1 次
定投期数(期)	78
定投时间	每个月最后一个交易日
幂次方 n	10
基础金额(元)	1 000
是否限制申购金额	不限制
申购费率(按一折算)	0.12%
赎回费率	暂不考虑
定投开始日是否为扣款日	是
分红选择方式	红利再投资

如表 5-31 所示,经历 78 个月定投之后,成本偏离法总收益率为 50.77%,而普通定投法的收益率仅为 30.99%,成本偏离法的年化收益率、期间最高收益率、期间最大亏损均战胜普通定投法,实战数据再次验证了该方法的效果。

表 5-31 成本偏离法定投要素表(恒生指数) 单位:%

	总收益率	年化收益率	期间最高收益率	期间最大亏损
成本偏离法	50.77	8.94	58.18	-6.28
普通定投法	30.99	8.39	44.66	-9.32

如果把成本偏离度和基金净值单独列出来分析，可以发现基金净值与成本偏离度的反向波动关系。从图 5-35 中可以十分明显地看到，只有当市场出现下跌时，成本偏离度才会剧烈上升。当恒生指数此后走出牛市时，成本偏离度几乎贴在零轴上。正是成本偏离法出色的自动调整能力，令图 5-36 的成本偏离法的收益率曲线可以渐渐地将普通定投法甩在身后。

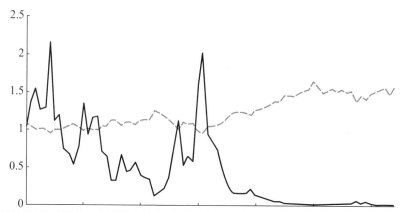

图 5-35　成本偏离度与华夏恒生 ETF 联接 A 净值的反向波动关系

数据来源：Choice。

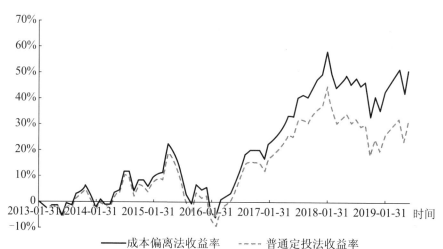

图 5-36　成本偏离法与普通定投法收益率变动趋势（华夏恒生 ETF 联接 A）

数据来源：Choice。

　　如此出色的系数调整能力与公式里的幂次方 n 的取值是密不可分的，幂次方是持仓成本的敏感因子，与收益率高低直接相关。图 5-37 展示的为本案例默认的取值，成本偏离度的幂次方 n 设定为 10。若将 n 改为 20 或 5，则持仓成本会相差悬殊。如图 5-38 所示，不同的幂次方 n 取值对持仓成本影响非常大，n 等于 20 时，持仓成本最低，$n=5$ 时，持仓成本最高。幂次方 n 取值越高，持仓成本越低，收益率越高。

图 5-37　成本偏离法与普通定投法持仓成本变动趋势（华夏恒生 ETF 联接 A）

　　数据来源：Choice。

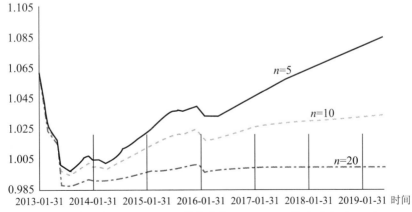

图 5-38　不同的幂次方 n 取值对持仓成本的影响（华夏恒生 ETF 联接 A）

　　数据来源：Choice。

成本偏离度的调整会使得在下跌行情中持仓成本比普通定投法低，上涨时降低系数又可将成本控制在低位，成本的抬升幅度较慢。因此，成本偏离法与普通定投法的相对超额收益率永远为正值，即无论如何普通定投法的收益率永远跑不赢成本偏离法的收益率。图 5-39 展示的是恒生指数自 2013 年初到 2019 年上半年，追踪恒生指数的华夏恒生 ETF 联接基金在成本偏离法下相对普通定投法的超额收益率曲线，这条曲线无论何时都不会在 0 轴以下。

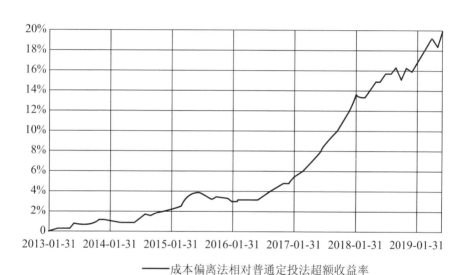

图 5-39　成本偏离法与普通定投法收益率变动趋势（华夏恒生 ETF 联接 A）
数据来源：Choice。

从投入与产出的绝对值看，成本偏离法稍逊色于普通定投法。如表 5-32、图 5-40 和图 5-41 所示，在 78 期定投过程中，成本偏离法累计投入 36 900.09 元，盈利 18 733.6 元；而普通定投法共投入 78 000 元，盈利 24 171.98 元。虽然成本偏离法的成本控制相当出色，但是遇到牛市时，成本偏离法的投入总额会随着成本偏离度的降低而减少，长期看赚的还不如普通定投法来得多。

表 5-32　成本偏离法与普通定投法投入与盈利（华夏恒生 ETF 联接 A）

	总投入	期末市值	盈利金额	最大定投金额	最小定投金额
成本偏离法	36 900.09	55 633.69	18 733.6	2 146.28	10.19
普通定投法	78 000	102 171.98	24 171.98	1 000	1 000

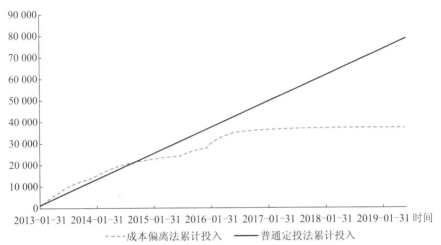

图 5-40　成本偏离法与普通定投法累计投入对比（华夏恒生 ETF 联接 A）

　　数据来源：Choice。

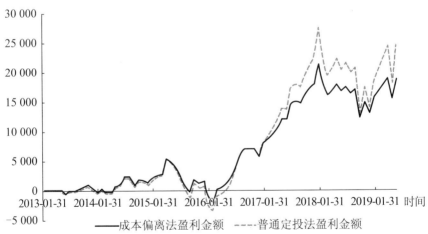

图 5-41　成本偏离法与普通定投法盈利金额对比（华夏恒生 ETF 联接 A）

　　数据来源：Choice。

（三）成本偏离法的优势与缺陷

优势：

（1）成本偏离法与目标点位系数法、阶梯点位系数法一样，对持仓成本的控制能力相当出色，可以获得比普通定投法更高的收益率。

（2）具有较短的回本周期。

（3）特别适合下跌市和先跌后涨市，适合"牛短熊长"的市场。

缺陷：

（1）与目标点位系数法相似，成本偏离法无法提前预知下一期的定投金额。

（2）在市场处于上涨阶段，特别是牛市初期时，成本偏离法会自动降低成本偏离度系数，最终令投资者投入金额较低，赚到的绝对金额较少。

（3）在市场处于底部横盘震荡阶段，市场往往较为低迷，容易出现低波动的行情，此时持仓成本与基金净值之间的偏离幅度较小，使得投入金额较低，最终可能错过大行情。

（4）幂次方 n 的取值决定了收益率的弹性，虽然取值越高，成本控制越好，收益率越高，但需要投资者不断测试合适的数值，操作较为麻烦且专业性要求较高。

（5）下跌市场中投入金额会不断增大，而且呈几何式增长，当申购金额与基础金额偏离过大时，容易对投资者构成现金流压力，造成定投断供的局面发生。

（6）没有考虑市场估值，可能存在买贵的现象。

（四）成本偏离法的适用人群

（1）适用于有大量闲钱的投资者。

（2）适用于风险承受能力较高的投资者。

（3）适用于专业能力较强的投资者。

五、进阶版 4：估值百分位法

无论是参照指数点位的目标点位系数法或阶梯点位系数法，还是参照投资者持仓成本的成本偏离法，它们均没有考虑指数底层资产的估值。虽然在理论上指数点位越低，估值也相应越低，但成份股的估值波动与指数点位并非简单的线性对应关系。因此，采用这三种定投方法的投资者有可能会在估值较高时买入基金，从而造成不必要的损失。

为避免上述情况发生，一种基于估值贵贱程度的定投方法应运而生，这便是估值百分位法。估值百分位法是近些年逐渐流行起来的一种新型智能定投方法，有着广泛的群众基础，特别是在秉承价值投资理念的投资者群体中，不少人是该方法的忠实粉丝。

（一）操作方法与原理

这种方法的核心逻辑是在市场估值低时多买，估值高时少买。估值百分位，顾名思义，即当期的估值占某个指标的分位数，通常是以当期的估值占历史估值数据样本的百分位。如果估值百分位为10%，即代表当期的估值分位数在历史所有估值数据中处于前 10%的位置，或者可以理解为当前的估值比历史上 90%的时候要高或低。估值指标可以根据投资者的喜好自行选择，如市盈率、市净率、市销率等。

不过，虽然估值百分位法群众基础广泛，但很多人因缺乏系统性的量化体系，导致基金定投交易过于随意，申购金额加码与减码的参照依据经常变化，最终的效果往往还不如其他定投方法。鉴于此，笔者在传统估值百分位法的基础上进行改进，推出根据估值高低自动调整申购金额的估值百分位法，公式具体如下。

$$估值百分位法申购金额=\left(\frac{1}{(1-心理临界值)+估值百分位}\right)^{n}\times 基础金额$$

$$估值百分位法确认份额=\frac{申购金额\times(1-申购费率)}{基金单位净值}$$

该方法默认分位数越低，代表的资产估值越便宜。在该方法下，申购金额等于基础金额乘以一个系数，这个系数即 $\left(\frac{1}{(1-心理临界值)+估值百分位}\right)^{n}$ ，该系数由 3 个变量组成，它们是心理临界值、估值百分位和幂次方 n。

心理临界值，指的是投资者可以接受的最高估值百分位数。当指数估值低于心理临界值时，说明此时市场运行在投资者认可的、可接受的估值范围内。当指数估值高于心理临界值，意味着此时市场处于投资者可承受的估值范围之外。心理临界值越低，投资者可获得的安全边际越大，定投获取正收益的概率越高、回本周期越短。反之，心理临界值越高，投资者定投的安全边际越小，定投亏损可能性越大、回本周期越长。值得注意的是，心理临界值的取值只能介于 0 和 100% 之间。

估值百分位，指的是当期的估值在历史可评估期间内所处的位置。例如，估值百分位为 20%，即当前估值在历史上处于前 20% 的位置。此处估值百分位越小，代表估值越低。

幂次方 n，幂次方在估值百分位法中的应用同样起放大与缩小的作用，它是申购金额的敏感度。幂次方 n 取值越高，申购金额波动越大，持仓成本控制越优秀。幂次方 n 的取值需大于 1。

于是如图 5-42 所示，估值百分位函数公式的含义是：当指数估值低于心理临界值时，公式的系数将大于 1，申购金额将大于基础金额，公式将自动启动加码买入功能；指数估值高于心理临界值时，公式的系数将小于 1，申购金额将小于基础金额，公式将自动实现减码买入功能。由此，一个完全智能化、有据可依的量化定投系统便产生了，该系统可帮助投资者高效优化持仓成本，实现"低位多买，高位少买""便宜多买，昂贵少买"的功能。

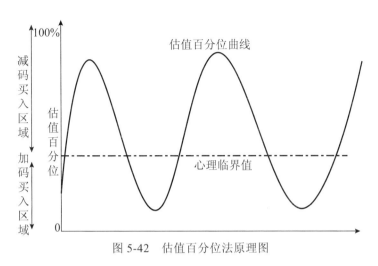

图 5-42 估值百分位法原理图

（二）估值百分位法历史回测结果

以成立十余年的中证 500 指数为例，该指数拥有时间跨度较长的历史估值数据，基于市盈率估值百分位进行的基金定投拥有不错的成效。如表 5-33 所示，以南方中证 500ETF 联接 A 作为标的基金，假设定投周期从 2010 年初至 2015 年中，每个月定投一次，定投时间为每月最后一个交易日。采用市盈率估值方法，假设投资者可以接受的市盈率百分位最高值为 30%，即心理临界值为 30%，在该临界值以下时加码定投，估值百分位超过 30% 时则减少定投。幂次方 n 取值 10，基础金额为 1 000 元，申购费率按一折算为 0.12%，假设不限制最低申购金额，定投开始日为扣款日，分红选择再投资。

表 5-33 估值百分位法定投要素表（南方中证 500ETF 联接 A）

估值百分位法定投要素表项目	内 容
标的指数	中证 500 价格指数
标的基金名称	南方中证 500ETF 联接 A
定投开始日	2010-01-29
定投结束日	2015-06-30

续表

估值百分位法定投要素表项目	内　　容
定投频率	每月 1 次
定投期数（期）	66
定投时间	每个月最后一个交易日
估值方式	市盈率（TTM）
心理临界值	30%
幂次方 n	10
基础金额（元）	1 000
是否限制申购金额	不限制
申购费率（一折）	0.12%
赎回费率	暂不考虑
定投开始日是否为扣款日	是
分红选择方式	红利再投资

2007 年至 2019 年上半年，除少部分年份外，大部分时间里中证500 指数与中证 500 市盈率（TTM）几乎呈现同向波动的趋势。图 5-43中，中证 500 近十余年的每次波峰与波谷几乎就是市盈率的高峰与低谷。因此我们可以认为中证 500 市盈率较低时是指数的阶段性底部，相反，当市盈率处于高位时，可视为指数的顶部。

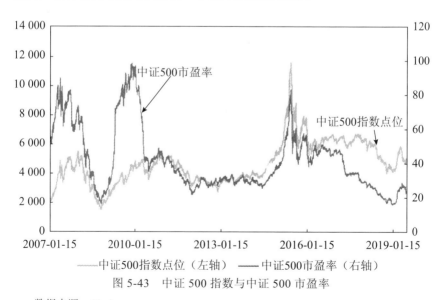

图 5-43　中证 500 指数与中证 500 市盈率

数据来源：Choice。

若将这种关系与估值百分位对应起来，便是图 5-44 展示的内容，市盈率百分位接近 100% 时，中证 500 指数见顶；市盈率百分位接近 0 时，中证 500 指数则处于大底部区域。

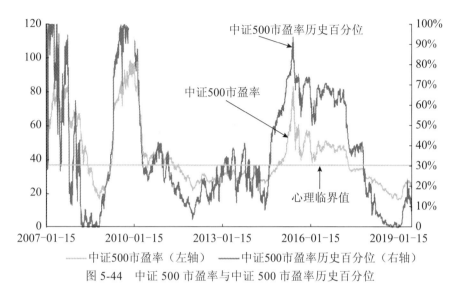

图 5-44　中证 500 市盈率与中证 500 市盈率历史百分位

数据来源：Choice。

2010 年 1 月至 2015 年 6 月，每个月最后一个交易日定投一次，如表 5-34 所示，经历了 66 期定投后，估值百分位法定投取得的收益率为 131.63%，普通定投法总收益率仅为 107.49%。估值百分位法年化收益率为 31.14%，普通定投法收益率仅为 27.44%，估值百分位法的各项收益率指标均碾压普通定投法。

表 5-34　估值百分位法与普通定投法收益率对比
（南方中证 500ETF 联接 A） 单位：%

	总收益率	年化收益率	期间最高收益率	期间最大亏损
估值百分位法	131.63	31.14	159.07	-22.19
普通定投法	107.49	27.44	133.91	-28.7

图 5-45 所示中，普通定投法在定投期间的最高收益率为 133.91%，但始终无法超越估值百分位法的收益率。普通定投法在熊市时买入份额较少，牛市时申购金额没有减少，便会出现图 5-46 所示中持仓成本不断被抬升的尴尬局面，最终总收益率跑输估值百分位法。

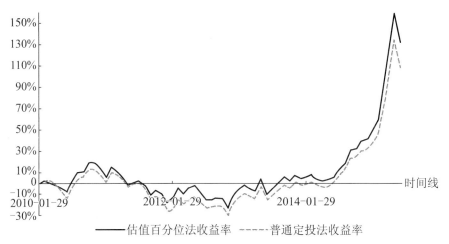

图 5-45 估值百分位法与普通定投法总收益率走势（南方中证 500ETF 联接 A）

数据来源：Choice。

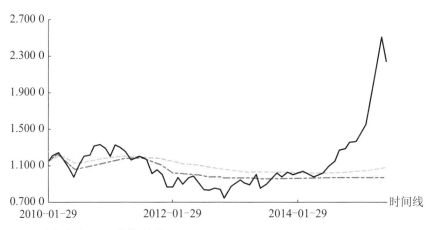

图 5-46 估值百分位法与普通定投法持仓成本变化趋势（南方中证 500ETF 联接 A）

数据来源：Choice。

　　导致普通定投法收益率跑输估值百分位法收益率是由两种方法每期申购金额的差异导致的。普通定投法每期的申购金额是固定的，而估值百分位法根据资产的昂贵程度来决定每期买多少。图 5-46 直观地展示了估值百分位法下申购金额系数与基金净值之间的波动关系，由于是指数基金，因此该关系可以看成估值百分位系数与指数波动之间的关系。当基金净值不断下跌，也就是指数处于熊市时，估值百分位系数将自动上升，以此增加每期的申购金额；反之，当基金净值上涨时，估值百分位系数自动下降至 0 附近，以此降低每期的申购金额。两者总体上呈现反向波动的关系，以此完成"低位多买，高位少买""便宜多买，昂贵少买"的目的。

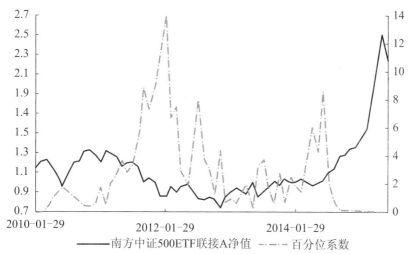

图 5-47　基金净值与估值百分位法系数的反向关系（南方中证 500ETF 联接 A）
　　数据来源：Choice。

表 5-35、图 5-47 至图 5-49 展示了估值百分位法与普通定投法的总投入与盈利情况。估值百分位法在 66 个月内积累了 17.62 万元的总投入，至 2015 年 6 月底持仓市值达 40.81 万元，总盈利为 23.19 万元。而普通定投每月固定投入 1 000 元，期间总投入 6.6 万元，至 2015 年 6 月底持仓市值为 13.69 万元，盈利金额仅有 7.09 万元。

从投入与产出的角度观察，估值百分位法为投资者赚到了更多的钱，但是每期申购金额的波动也非常高，2010 年 1 月至 2015 年 6 月期间，单月最大定投金额超出基础金额 14.19 倍，单月最小定投金额仅有基础金额的 1.1%，估值百分位法每期的申购波动范围较大，容易对投资者造成较大的现金压力。

表 5-35　估值百分位法与普通定投法总投入与盈利金额
（南方中证 500ETF 联接 A，单位：元）

	总投入	期末市值	盈利金额	最大定投金额	最小定投金额
估值百分位法	176 207.58	408 152.68	23 1945.1	14 192.09	11.57
普通定投法	66 000	136 945.02	70 945.02	1 000	1 000

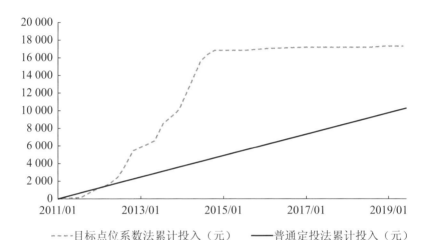

图 5-48　估值百分位法与普通定投法累计投入（南方中证 500ETF 联接 A）

数据来源：Choice。

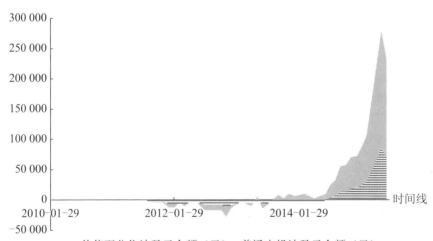

图 5-49　估值百分位法与普通定投法盈利金额（南方中证 500ETF 联接 A）

数据来源：Choice。

（三）估值百分位法的优势与缺陷

优势：

（1）估值百分位法在控制持仓成本方面有较强的优势。

（2）考虑了基本面情况，可避免在过于昂贵时买入资产，为投资者提供一定的安全边际。

（3）该方法以估值为锚，避免以刻板的指数点位作为参照依据，更加客观合理。

缺陷：

（1）估值百分位法并不适用于所有指数。指数成立时间过短、指数底层资产的估值逻辑过于复杂，都有可能导致该方法失效。

（2）估值百分位法需要选取合适的估值指标，指标数据和百分位均需要手动进行统计，操作过于复杂。

（3）该方法需要投资者预估合理的心理临界值和幂次方 n，投资者的专业性要求较高。

（4）该方法可能存在指数点位与估值指标不能同向波动的情况。比如指数点位越低，估值指标反而越高，此情况下可能存在严重的形势误判，导致高位买入较多，低位买入较少，容易出现亏损。

（5）估值百分位法对投资者的现金流要求极高，如果没有足够的资金量和充足的心理准备，容易出现定投停止，断供则会使浮亏变成真实亏损，导致前功尽弃。

（四）估值百分位法的适用人群

（1）适用于有大量闲置资金的投资者。

（2）适用于风险承受能力较高的投资者。

（3）适用于专业能力较强的投资者。

（4）适用于专注基本面投资的投资者。

六、高级版 1：改进价值平均策略

价值平均策略（Value Averaging）是由美国纳斯达克首席经济学家、哈佛商学院教授、摩根士丹利常务董事迈克尔·E. 埃德尔森（Michael E. Edleson）发明的一种定投方法，收录于其著作《价值平均策略》（*Value Averaging*）一书中，该书于 1991 年出版，并于 1993 年和 2006 年再版。

价值平均策略是一种升级版的定投方法，该方法的目标有别于普通定投法。传统的普通定投法每期的申购金额是固定的，即每期投出去的成本是相等的，因此普通定投法也被称为"成本平均策略"。普通定投法每期增加投资本金，以累积本金作为长期投资目标，在此目标上期望获取超出本金部分的收益。价值平均策略则完全摒弃了本金，而以目标市值作为投资目标，当目标市值等于持仓市值时，该方法的目标便达成了。

所谓目标市值，指的是随着时间的推移，投资者期望得到的资产市值，也有人将目标市值称为"目标价值"。例如，投资者期望股市里的持仓市值每月递增 1 000 元，定投 10 个月后，持仓市值只要达到 10 000 元即被视为完成目标。假设投资者在这 10 个月内进行定投，无论每月投多少钱，均要保证每月账户的持仓市值刚好等于或接近目标市值。由于股市是波动的，如果股市出现下跌导致持仓市值低于目标市值，当月则要追加买入，以保证持仓市值刚好等于或接近目标市值。如果股市上涨，持仓市值高于目标市值，当月要卖出高于目标市值的那部分资产，令持仓市值回落至目标市值。这种以市值作为目标进行调仓的定投方式便是价值平均策略，如图 5-50 所示。

采用价值平均策略进行基金定投时，持仓市值高于目标市值时就要抛出多余的部分，持仓市值小于目标市值时则要买入缺少的部分，本质上是一种"高抛低吸"的策略。该方法的优点是可以帮助投资者解决高位未进行减仓导致坐失卖出良机的问题，从而克服人性的弱点，该方法也可以控制持仓成本，提高收益率。

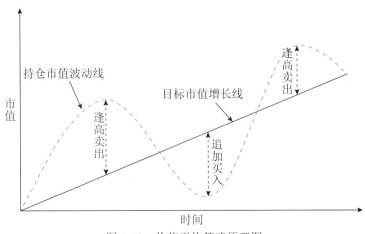

图 5-50　价值平均策略原理图

价值平均策略同样也有缺陷。如果市场处于熊市，不断地追加买入可以拉低持仓成本，同时投资者手里的资金也可以得到充分的运用，提升资金利用效率。如果市场不断上涨，当持仓市值高于目标市值时，价值平均策略则会不断发出抛售的信号，股票资产将变成现金，资金利用效率下降。当上涨行情演变为一轮大牛市，价值平均策略则会白白浪费千载难逢的机会，导致盈利的绝对金额大幅减少。

基于价值平均策略的这一缺陷，在确保投入足够多本金的基础上，笔者升级了该方法，推出改进价值平均策略。

（一）操作方法与原理

改进价值平均策略依旧根据市值目标进行定投，只是当持仓市值高于目标市值时不卖出高出目标市值的那部分资产，仅在持仓市值低于目标市值时再追加买入，令持仓市值等于目标市值。因此，改进价值平均策略属于"买跌不卖涨"的策略，该策略的原理如图 5-51 所示。

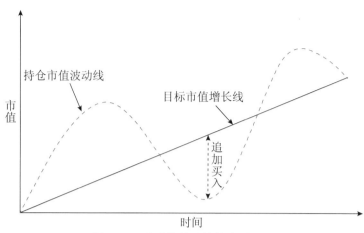

图 5-51　改进价值平均策略原理图

　　改进价值平均策略只在持仓市值低于目标市值时才追加买入，当持仓市值高于目标市值时选择持仓不动，可避免价值平均策略由于频繁买入、卖出导致本金投入过少的情况。基于这一逻辑，就有了如下改进价值平均策略的公式以及表 5-36。

$$市值差额系数 = \frac{本期目标市值}{本期预估基金单位净值 \times 上期末持仓份额}$$

表 5-36　改进价值平均策略申购公式

市值差额系数	是否买入	改进价值平均策略申购金额公式
小于 1	否	无
等于 1	否	无
大于 1	是	申购金额 = 本期目标市值 −（本期预估单位净值 × 上期末持仓份额）

$$改进价值平均策略确认份额 = \frac{申购金额 \times (1 - 申购费率)}{基金单位净值}$$

　　市值差额系数在改进价值平均策略中起到辅助判断的作用，它是目标市值与持仓市值的比值，用本期目标市值除以本期预估的持仓市值，即可得出目标市值与持仓市值之间的差距。市值差额系数有三个范围：小于 1、等于 1 和大于 1。小于 1 表示目标市值低于持仓市值，此时投资者的资产市值高于期望值，可不进行加仓；等于 1 表明目标市值与持仓市值刚好一致，此时没有加仓的空间；大于 1 表示目标市值高于持仓市值，此时投资者手里的资产市值低于期望值，可以追加买入。

仅在市值差额系数大于 1 时，投资者才需要定投买入，申购金额等于当期目标市值与本期预估持仓市值的差额。本期预估持仓市值等于本期预计基金单位净值与上期末持仓份额的乘积。本期预估基金单位净值可利用盘中指数的涨跌幅大致预计当期的基金单位净值，可取近似数；若为场内交易，则可按照买入价进行测算。

（二）改进价值平均策略历史回测结果

改进价值平均策略是在传统价值平均策略的基础上改良而来的智能定投方法，传统价值平均策略发源于美国，适应美国资本市场的特征，改进价值平均策略是否也能适用于美国股市？为此，笔者选取了在国内发行的跟踪美国资本市场的纳斯达克 100 指数的 QDII 指数基金——国泰纳斯达克 100，用它作为标的基金进行历史回测。

如表 5-37 所示，假设定投起始日为 2013 年 1 月最后一个交易日，定投结束日为 2019 年 6 月最后一个交易日，每月定投一次，一共 78 个月。每月目标市值递增金额为 1 000 元，即截至 2019 年 6 月最后一个交易日的目标市值为 78 000 元。假设不限制申购金额，申购费率按 0.15% 计算，定投开始日即为扣款日，如有分红选择再投资。

表 5-37　改进价值平均策略定投要素表（纳斯达克 100 指数）

改进价值平均策略定投要素表项目	内　　容
标的指数	纳斯达克 100 指数
标的基金名称	国泰纳斯达克 100
定投开始日	2013-01-31
定投结束日	2019-06-30
定投频率	每月 1 次
定投期数（期）	78
定投时间	每个月最后一个交易日

续表

改进价值平均策略定投要素表项目	内　　容
基础金额（元）	1 000
目标市值每期递增金额（元）	1 000
最后一期目标市值（元）	78 000
是否限制申购金额	不限制
申购费率（一折）	0.15%
赎回费率	暂不考虑
定投开始日是否为扣款日	是
分红选择方式	红利再投资

通过数据统计，2013 年 1 月至 2019 年 6 月，美国股市处于一轮为期较长的牛市中，纳斯达克指数涨势凶猛。如表 5-38 所示，在此期间，改进价值平均策略一共取得 103.01% 的总收益，而同期普通定投法的总收益率仅为 78.06%。改进价值平均策略在此期间的最高收益率为 116.29%，碾压普通定投法。但进一步对比年化收益率后发现，改进价值平均策略的年化收益率仅高出普通定投法 0.74 个百分点，虽然胜出但两者的差距不会特别大，显示出两种方法的资金利用效率在牛市时不相伯仲。

表 5-38　改进价值平均策略与普通定投法收益率对比

（纳斯达克 100 指数）　　　　　　单位：%

	总收益率	年化收益率	期间最高收益率	期间最大亏损
改进价值平均策略	103.01	18.68	116.29	-0.15
普通定投法	78.06	17.94	86.87	-0.15

改进价值平均策略总收益率高于普通定投法 24.95 个百分点，但改进价值平均策略的超额收益并非自始至终都是如此。图 5-52 展示了两种定投方法在 2013 年 1 月至 2019 年 6 月的总收益率的走势，改进价值平均策略从 2016 年下半年起逐渐将普通定投法甩在身后。2016 年初，美国股市有一波短暂的回调，改进价值平均策略的持仓市值低于目标市值，此时加仓买入反而可以抑制成本过快上升，这是导致普通定投法的收益率跑输改进价值平均策略的原因之一。

图 5-52　改进价值平均策略与普通定投法总收益率走势（国泰纳斯达克 100）

数据来源：Choice。

　　如图 5-53 所示，改进价值平均策略在 2016 年之前，其持仓成本的上升轨迹与普通定投法持仓成本的上升轨迹几乎保持一致。2016 年初，纳斯达克指数迎来调整行情，价值平均策略发出追加定投买入信号，使得改进价值平均策略的持仓成本上升速度明显放缓。在之后的几轮调整行情中，改进价值平均策略追加买入，令持仓市值回升至目标市值附近。随后美国股市继续上涨，此时改进价值平均策略不再需要加仓，因此持仓成本的上升速度远低于普通定投法，收益率自然比普通定投法高出一大截儿，图 5-54 展示的改进价值平均策略的超额收益率就是这么来的。

　　尽管价值平均策略在牛市时依旧拥有超越普通定投法的收益率优势，但从投入与产出的绝对值看未必如此。如表 5-39、图 5-55、图 5-56 所示，在历时 78 个月的定投过程中，改进价值平均策略累计投入本金为 42 985.48 元，普通定投法累计投入本金 78 000 元。改进价值平均策略为投资者赚了 44 280.82 元，不及普通定投法创造的 60 889.73 元的总盈利。

图 5-53　改进价值平均策略与普通定投法持仓成本变动趋势（国泰纳斯达克100）

数据来源：Choice。

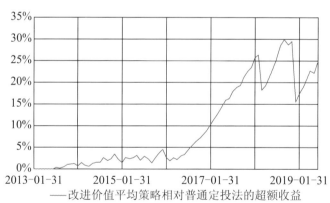

图 5-54　改进价值平均策略相对普通定投法超额收益（国泰纳斯达克 100）

数据来源：Choice。

表 5-39　改进价值平均策略与普通定投法总投入与盈利（国泰纳斯达克 100，单位: 元）

	总投入	期末市值	盈利金额	最大定投金额	最小定投金额
改进价值平均策略	42 985.48	87 266.3	44 280.82	6 391.20	0
普通定投法	78 000	138 889.73	60 889.73	1 000	1 000

数据来源：Choice。

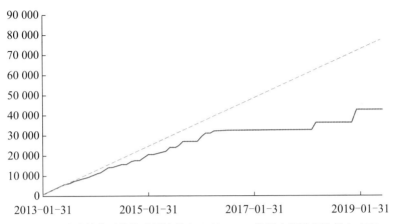

图 5-55　改进价值平均策略与普通定投法的总投入（国泰纳斯达克 100）

数据来源：Choice。

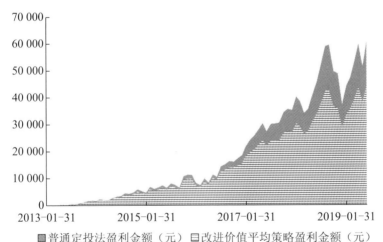

图 5-56　改进价值平均策略与普通定投法的总盈利波动（国泰纳斯达克 100）

数据来源：Choice。

改进价值平均策略的总投入与总盈利弱于普通定投法是由价值平均策略的内在原理导致的。在牛市时，由于指数不断上涨，持仓市值经常高于目标市值，市值差额系数容易出现小于或等于 1 的情形，如图 5-57 所示，改进价值平均策略仅在市值差额系数大于 1 时才会加仓买入，也就是说，在牛市大部分时候，改进价值平均策略的申购金额为 0。

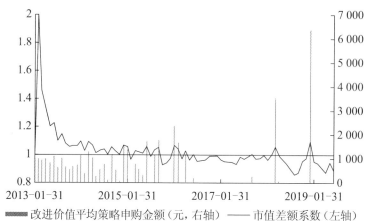

图 5-57　改进价值平均策略市值差额系数与申购金额（国泰纳斯达克 100）

数据来源：Choice。

　　改进价值平均策略的一个十分明显的特征，就是越到后期，申购金额往往越大，这同样也是该方法的内在原理导致的。越到后期，目标市值越来越高，只要股市出现下跌，持仓市值体量减少，为维持与目标市值相等的体量，需要加码买入的资金量也就越大。如图 5-58 所示，股市波动稍微加大，改进价值平均策略的申购金额即达到基础定投金额的 6 倍以上。

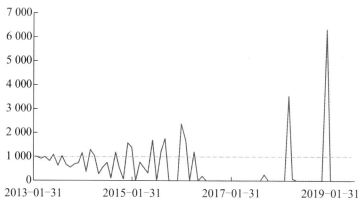

图 5-58　改进价值平均策略与普通定投法的申购金额（国泰纳斯达克 100）

数据来源：Choice。

　　经过改良后的改进价值平均策略，只有当持仓市值低于目标市值时，才会加仓买入，令持仓市值波动虚线紧贴目标市值曲线。如果持仓市值高于目标市值，则不卖出，于是改进价值平均策略最终呈现给投资者的市值波动便如图 5-59 所示。

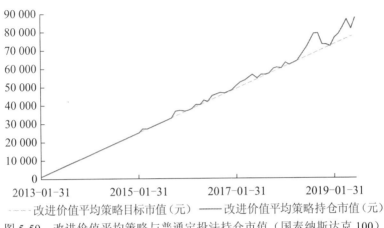

图 5-59　改进价值平均策略与普通定投法持仓市值（国泰纳斯达克 100）
数据来源：Choice。

经过数据回测，可以得出的结论是改进价值平均策略在牛市中依然拥有超越普通定投法的收益率优势，但绝对值未必有此优势。不过，根据改进价值平均策略的原理我们可以知道，在熊市、先跌后涨的行情里，改进价值平均策略会有不错的表现。

（三）改进价值平均策略的优势与缺陷

优势：

（1）弥补了传统价值平均策略由于高抛低吸导致的本金投入水平过低的缺陷。

（2）与普通定投法相比，改进价值平均策略有着强大的成本控制能力，收益率优势显著。

缺陷：

（1）牛市阶段投入与产出的绝对值可能跑输普通定投法。

（2）每期申购金额波动范围较大，对投资者的现金流构成较大压力。

（3）需要人为设置目标市值及目标市值每期的递增金额，如果目标市值的设定过于离谱，容易对投资者的现金流构成较大压力。另外，操作也相对烦琐，需要定期审视目标市值与持仓市值的差额。

（4）未考虑底层资产的估值与性价比。

（四）改进价值平均策略的适用人群

（1）适用于现金流较为充沛的投资者。

（2）适用于风险承受能力较强的投资者。

（3）适用于未来某个时间段有硬性开支的投资者，且该支出是可量化的，改进价值平均策略可帮助其储备足够的资金以应对支出压力。

七、高级版 2：恒定亏损比例策略

改进价值平均策略是以市值作为目标，只要持仓市值达到预定目标即达成最初的目的，若将改进价值平均策略的目标市值替换成收益率，则又是另外一番景象。基金定投的收益率时高时低，收益率能达到的高度往往取决于市场，投资者无法左右市场的走势。不过，基金定投的最低收益率通常是可以人为控制的，此处要介绍的便是控制最低收益率的恒定亏损比例（定投）策略。

（一）操作方法与原理

恒定亏损比例策略是通过控制最低收益率来决定投资者定投金额的高级定投方法。该方法的核心逻辑是，无论基金净值如何波动，投资者定投基金的最大亏损不能低于一个恒定的数值，该数值是投资者可以承受的最大亏损比例。当定投收益率低于该数值时，通过测算得出需要追加买入的资金量，令收益率回升至投资者可以承受的最大亏损幅度。

举个例子，假如投资者 A 定投某基金，目前已经投入本金 10 000 元，基金净值从 1 元下跌至 0.75 元，目前收益率为 -25%。投资者 A 可以承受的最大亏损是 -10%，此时他需要追加投入 12 500 元才可以令收益率回升至 -10%。恒定亏损比例策略的目的就是为投资者测算每期具体需要追加投入多少钱，才可以令亏损比例缩小至投资者可承受的极限值附近，如图 5-60 所示，控制基金收益率的下限是恒定亏损比例策略的核心目标。

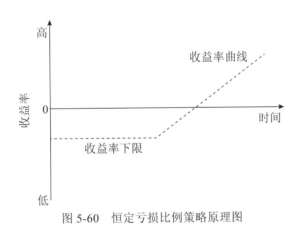

图 5-60 恒定亏损比例策略原理图

为了进一步提高该策略的收益率，与改进价值平均策略一样，恒定亏损比例策略遵循"买跌不买涨"的策略，即仅在收益率为负时买入基金。如果收益率未超出投资者心理承受的最大亏损比例，买入金额为基础定投金额；如果收益率超出投资者心理承受的最大亏损比例，则加码买入，买入金额等于恒定亏损比例策略测算出来的申购金额；当收益率为正数时，停止买入。

基于上述逻辑，假设用 R 表示本期申购前的总收益率，投资者可承受的最大亏损比例是 Y，恒定亏损比例策略的定投公式如表 5-40 所示。

表 5-40 恒定亏损比例策略申购公式

总收益率	申 购 公 式
$R \geqslant 0$	无
$Y \leqslant R < 0$	申购金额＝基础金额
$R < Y$	申购金额＝$\dfrac{\text{上期末持仓份额} \times \text{本期预估净值} - \text{上期末累计投入} \times (1+Y)}{Y}$

当 $R < Y$ 时，恒定亏损比例策略的申购金额才需要加码。在上述公式中，上期末累计投入指截至上期期末的总投入本金。上期末持仓份额指截至上期期末累计持有的基金份额。本期预估净值指盘中根据标的指数涨跌幅预估的当期指数基金单位净值。Y，指投资者可承受的最大亏损比例，即本方法中所指的恒定亏损比例，Y 的取值应为负数。

当 $R < Y$ 时，恒定亏损比例策略的申购公式理解起来颇为费劲，它是如何推导出来的呢？

根据上述恒定亏损比例策略公式的原理，我们知道，如果当期基金净值大跌，导致收益率低于投资者承受的最大亏损比例，此时根据恒定亏损比例策略需要加仓买入，加仓后的收益率刚好等于或接近投资者可承受的最大亏损比例。由此可以得出：

$$\frac{\text{本期预估市值}}{\text{本期累计投入}} - 1 = Y$$

进一步拆解该公式，可得出：

$$\frac{(\text{上期末持仓份额} + \text{本期新增份额}) \times \text{本期预估净值}}{(\text{上期末累计投入} + \text{本期申购金额})} - 1 = Y$$

$$\frac{\left(\text{上期末持仓份额} + \dfrac{\text{本期申购金额}}{\text{本期预估净值}}\right) \times \text{本期预估净值}}{(\text{上期末累计投入} + \text{本期申购金额})} - 1 = Y$$

将公式左边的"1"移到右边即为（$1+Y$），由于 Y 代表亏损比例，因此 Y 取值应为负数。通过公式换算，可得：

$$\text{本期申购金额} = \frac{\text{上期末持仓份额} \times \text{本期预估净值} - \text{上期末累计投入} \times (1+Y)}{Y}$$

与本书前几种定投方法相比，恒定亏损比例策略是执行难度最高的定投策略，其执行难度不仅体现在申购金额测算较为复杂，更难的是为了维持收益率不低于投资者可承受的最大亏损值，需要支付的资金量异常庞大，因此笔者将这种方法称为"土豪特供版"。

在恒定亏损比例策略下，如果市场处于上涨趋势、投资者的收益率为正时，该策略不进行加仓，因此投资者不会面临现金流压力。仅在市场处于下跌趋势，定投收益率低于投资者可承受的范围时，该策略才会对投资者构成资金压力。

投资者采用恒定亏损比例策略进行定投时，申购金额的大小取决于三要素：进场时机、基础金额的大小、恒定亏损比例 Y 的取值。特别是在熊市阶段，该方法前期需要积累的本金量相当大，累计投入本金曲线将呈现几何级增长的趋势，具有资金的"虹吸效应"，这是笔者将该策略称为"土豪特供版"的主要原因，需要手里有巨量闲置资金的投资者方可驾驭该策略。为更清晰地展示该策略对投资者资金的"虹吸效应"，下面我们将在模拟下跌行情中采用对照实验的方式展示"进场时机""基础金额""恒定亏损比例 Y"三个要素对投资者现金流所产生的巨大差异。

如表 5-41 所示，假设在极端情况下，基金从初始净值为 1 元时逐渐下滑，每期净值下跌 0.1 元，累计定投 10 期，投资者将面临基金净值累计下滑幅度达 90% 的熊市行情。

表 5-41　恒定亏损比例策略模拟下跌行情净值波动表

初始净值（元）	每期下跌（元）	期末净值（元）	累计涨跌幅
1	0.1	0.1	-90%

（1）进场时机差异

在净值累计下滑幅度达 90% 的行情中，假设投资者每期基础定投金额为 1 000 元，恒定亏损比例为 -10%，即可承受最大亏损为 -10%，不考虑申购费用影响。投资者 A 和投资 B 错开定投时机，投资者 A 从净值为 1 元时开始定投，而投资者 B 刚开始选择观望，直到净值跌到 0.7 元时开启定投，其他条件保持一致。

从表 5-42 和图 5-61 可以很明显地看到，在熊市时，虽然投资者 B 只延迟定投了 3 期，但直到最后一期，两者的申购金额差异悬殊。在第 10 期时，基金净值下跌至 0.1 元，投资者 B 当期申购金额为 58.5 万元，超出基础金额 585 倍。然而，投资者 A 的申购压力显然更大，申购金额达 397.8 万元，是基础金额的 3 978 倍。

表 5-42　进场时机差异对当期申购金额的影响　　　单位：元

净值	基础金额	恒定亏损比例	投资者 A 申购金额	投资者 B 申购金额
1			1 000	0
0.9			0	0
0.8			1 000	0
0.7			2 250	1 000
0.6	1 000	-10%	5 464.29	428.57
0.5			14 571.43	2 142.86
0.4			43 714.29	6 428.57
0.3			153 000	22 500
0.2			663 000	97 500
0.1			3 978 000	585 000

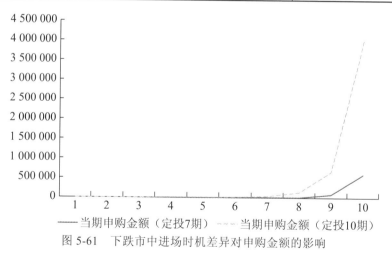

图 5-61　下跌市中进场时机差异对申购金额的影响

在下跌趋势中，对进场时机的把握决定了投资者后期的现金流压力，越到后期，由于前期投入的本金不断积累，为维持恒定的亏损比例，需要追加的资金量将会呈几何级增长。投资者需要把握合适的进场时机来缓解边际递增的资金压力，这对投资者的专业能力提出极高的要求。

（2）基础定投金额差异

基础定投金额，或称基础金额，是普通定投法每期固定的申购金额，它是升级版定投每期申购资金量的参照物。当升级版定投方法的申购金额为基础金额时，则该升级版定投方法与普通定投法并无差别，仅当升级版定投方法的申购金额与基础金额存在差异时，两者的收益率差异才会得到体现。

假设投资者 A 和投资者 B 在相同时间开启定投，恒定亏损比例 Y 取值均为 -10%，不考虑申购费用影响。投资者 A 设定基础金额为 1 000 元，投资者 B 设定基础金额为 500 元。

如表 5-43 和图 5-62 所示，到第 10 期时，基础金额为 1 000 元的恒定亏损比例策略的当期申购金额达 397.8 万元，是基础金额的 3 978 倍，而将基础金额设定为 500 元的投资者，当期申购金额为 198.9 万元，投资者 B 面临的资金压力相对小一些。当投资者选择的基础金额发生变动时，恒定亏损比例策略的申购金额会产生差异，总体看，投资者设定的基础金额越高，熊市期间产生的现金流压力越大。

表 5-43　基础定投金额差异对当期申购金额的影响　　单位：元

净值	基础金额（1 000 元）		基础金额（500 元）	
	恒定亏损比例	投资者 A 申购金额	恒定亏损比例	投资者 B 申购金额
1		1 000		500
0.9		0		0
0.8		1 000		500
0.7		2 250		1 125
0.6	$Y=-10\%$	5 464.29	$Y=-10\%$	2 732.14
0.5		14 571.43		7 285.71
0.4		43 714.29		21 857.14
0.3		153 000.00		76 500
0.2		663 000		331 500
0.1		3 978 000		1 989 000

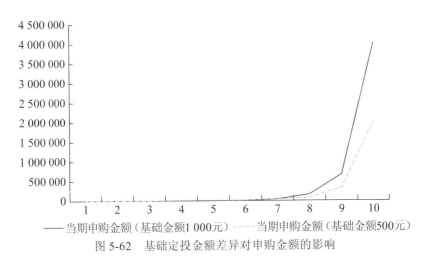

—— 当期申购金额（基础金额1 000元）---- 当期申购金额（基础金额500元）

图 5-62　基础定投金额差异对申购金额的影响

（3）恒定亏损比例 Y 取值的差异

恒定亏损比例，即投资者可承受的最低收益率，它代表着投资者对收益率回撤的最低容忍度。恒定亏损比例越小，代表投资者可容忍的亏损幅度越大，当定投收益率处于负数但未超过恒定亏损比例时，投资者将继续使用基础金额进行定投，此时的资金压力要小得多，仅当定投收益率低于恒定亏损比例时才大幅度加仓买入。因此，恒定亏损比例取值范围同样至关重要。

假设投资者 A 可容忍的最大亏损是 -10%，投资者 B 可容忍 -20% 的收益率，假设其他条件相同，不考虑申购费用的影响。如表 5-44 与图 5-63 所示，至第 10 期时，投资者 A 当期申购资金达 397.8 万元，是基础金额的 3 978 倍，投资者 B 当期申购金额为 14.2 万元，是基础金额的 142 倍，两者资金压力相差悬殊。

表 5-44　恒定亏损比例差异对当期申购金额的影响　　单位：元

净值	恒定亏损比例 $Y=-10\%$		恒定亏损比例 $Y=-20\%$	
	基础金额	投资者 A 申购金额	基础金额	投资者 B 申购金额
1	1 000	1 000	1 000	1 000
0.9		0		1 000
0.8		1 000		1 000
0.7		2 250		236.11
0.6		5 464.29		1 849.21

续表

净值	恒定亏损比例 Y=-10%		恒定亏损比例 Y=-20%	
	基础金额	投资者 A 申购金额	基础金额	投资者 B 申购金额
0.5		14 571.43		3 390.21
0.4		43 714.29		6 780.42
0.3	1 000	153 000	1 000	15 255.95
0.2		663 000		40 682.54
0.1		3 978 000		142 388.89

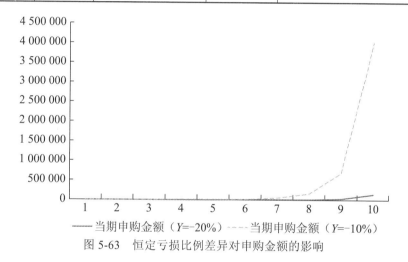

图 5-63　恒定亏损比例差异对申购金额的影响

　　如果我们将上述三组对照组的累计投入本金归纳成表 5-45 所展示的内容，可以发现三个规律：在下跌趋势中，延后定投时点可有效减轻投资者资金压力；基础金额设定越小，投资者资金压力越低；对风险和回撤的包容度越高，资金压力越小。投资者可根据自身财务预算、风险承受能力的差异，将这三要素与自身实际情况相结合，寻找合适的指标值。

表 5-45　三要素差异对累计投入本金的影响　　单位：万元

恒定亏损比例策略三要素		投资者 A 累计投入	投资者 B 累计投入
进场时机	延后 0 期（定投 10 期）	486.2	—
	延后 3 期（定投 7 期）	—	71.5
基础金额	基础金额 1 000 元	486.2	—
	基础金额 500 元	—	243.1
恒定亏损比例	Y=-10%	486.2	—
	Y=-20%	—	21.36

（二）恒定亏损比例策略历史回测结果

恒定亏损比例策略已经向我们展示了在模拟的下跌行情中资金流的变化趋势，但这种累计跌幅达 90% 的行情在现实中生活出现的概率较低，特别是指数基金，累计跌幅达 90% 的情况并不多见。在真实的市场环境下，恒定亏损比例策略的回测效果与模拟行情差距是否会很大？为此，我们将恒定亏损比例策略放在 A 股市场进行回测。

以表 5-46 为例，假设以波动幅度较大的中小盘指数——中小 300 指数作为标的指数，以跟踪该指数的广发中小 300 联接基金作为标的基金。从广发中小 300 联接基金成立当月起开始定投，每个月月底最后一个交易日作为定投日，定投频率为每月 1 次，定投开始日至 2019 年 6 月 30 日，累计定投期数为 97 期。假设基础金额为 1 000 元，恒定亏损比例（投资者可承受的最大亏损比例）为 -10%。申购费率按一折算，即 0.12%，不考虑限购。同时，该策略限定仅在定投总收益率为负数时才买入，收益率为负数且不低于恒定亏损比例时的申购金额等于基础金额，即 1 000 元。当收益率为正数时不买入，即申购金额为 0 元。

表 5-46　恒定亏损比例策略历史回测要素表（广发中小 300 联接）

恒定亏损比例策略定投要素	内　　容
标的指数	中小 300 价格指数
标的基金名称	广发中小 300 联接基金
定投开始日	2011-06-30
定投结束日	2019-06-30
定投频率	每月 1 次
定投期数（期）	97
定投时间	每个月最后一个交易日
基础金额（元）	1 000
恒定亏损比例（可承受最大亏损）	-10%
是否限制申购金额	不限制
收益率为负且不低于恒定亏损比例的申购金额（元）	1 000
收益率 >0 时的申购金额（元）	0
申购费率（一折）	0.12%
赎回费率	暂不考虑

续表

恒定亏损比例策略定投要素	内　容
定投开始日是否为扣款日	是
分红选择方式	红利再投资

　　经过回测，2011年6月30日（定投开始日）至2019年6月30日，恒定亏损比例策略的总收益率为38.84%，年化收益率为4.79%。同期普通定投法的总收益率为-1.65%，年化收益率为-0.42%，不但将牛市期间取得的收益全部回吐，还出现了亏损。普通定投法在此期间的最低收益率是-20.40%，然而恒定亏损比例策略通过限定最大亏损幅度，最低收益率仅有-10%，回本周期比普通定投法来得更短，收益率自然也就更高。如表5-47所示，恒定亏损比例策略期间最高收益率接近180%，超出普通定投法54.64个百分点，收益率优势十分显著。从图5-64、图5-65可以明显看出，从定投开始之日起算，恒定亏损比例策略的总收益率曲线始终保持在普通定投法总收益率曲线的上方，且差距越来越大。

表5-47　恒定亏损比例策略与普通定投法历史回测收益率
（广发中小300联接） 单位：%

	总收益率	年化收益率	期间最高收益率	期间最大亏损
恒定亏损比例策略	38.84	4.79	179.96	-10
普通定投法	-1.65	-0.42	125.32	-20.4

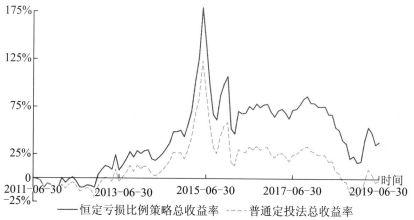

图5-64　恒定亏损比例策略与普通定投法总收益率曲线（广发中小300联接）

数据来源：Choice。

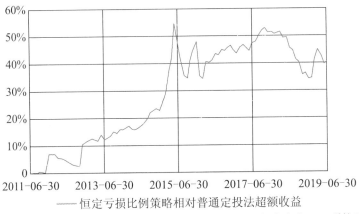

图 5-65　恒定亏损策略相对普通定投法超额收益（广发中小 300 联接）

数据来源：Choice。

四种方法收益率差距逐渐拉大的原因主要有如下两方面。

一是恒定亏损比例策略在定投收益率低于 -10% 时，策略启动加码买入策略，且加仓资金量巨大，在低位获取了足够多的份额，拉低了持仓成本。

二是恒定亏损比例策略在定投收益率大于 0 时，不执行买入策略，令持仓成本停止上行。

因此，我们可以得到一张类似图 5-66 基金净值与持仓成本的走势图。在图 5-66 中，当基金净值大幅下跌时，恒定亏损比例策略的持仓成本下行很快，但净值超过持仓成本线时，恒定亏损比例策略的持仓成本保持不动，成为一条横线。与此同时，普通定投法由于存在固定的申购金额，导致其持仓成本不断上行，拉低了收益率。

从 2011 年至 2012 年，中小 300 指数基金一直处于下跌趋势中，因此恒定亏损比例策略的定投金额处于高波动状态，每期的申购金额相差较大，在熊市末期积累了足够多的筹码。如图 5-67 和图 5-68 所示，恒定亏损比例策略在 2012 年 12 月前处于净买入状态，每期申购金额波动较大，最大定投金额达 20 514.51 元，是基础金额的 20.5 倍。从

2013 年起，广发中小 300 联接基金净值超过恒定亏损比例策略的持仓成本，之后未执行买入计划，最终累计投入本金定格在 42 365.8 元，比普通定投法少 54 634.2 元。

图 5-66　基金净值与持仓成本走势（广发中小 300 联接）

数据来源：Choice。

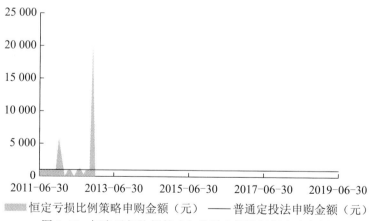

图 5-67　恒定亏损比例策略与普通定投法每期申购金额

数据来源：Choice。

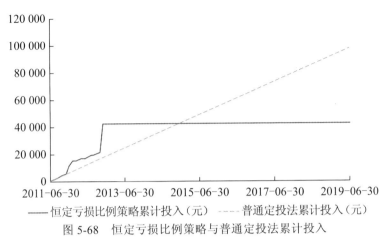

图 5-68　恒定亏损比例策略与普通定投法累计投入

数据来源：Choice。

如表 5-48、图 5-69、图 5-70 所示，虽然恒定亏损比例策略的累计投入本金、期末持仓市值均低于普通定投法，但是恒定亏损比例策略却为投资者赚取了 38.84% 的总回报率，共盈利 16 454.26 元，普通定投法反而亏损了 1 599.27 元。

表 5-48　恒定亏损比例策略与普通定投法投入产出情况（单位：元）

	总投入	期末市值	盈利金额	最大定投金额	最小定投金额
恒定亏损比例策略	42 365.8	58 820.06	16 454.26	20 514.51	0
普通定投法	97 000	95 400.73	-1 599.27	1 000	1 000

图 5-69　恒定亏损比例策略与普通定投法持仓市值

数据来源：Choice。

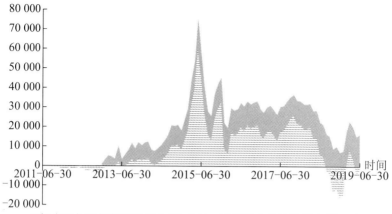

图 5-70　恒定亏损比例策略与普通定投法盈利金额

数据来源：Choice。

（三）恒定亏损比例策略的优势与缺陷

优势：

（1）极强的成本控制能力。恒定亏损比例策略有着无与伦比的成本控制能力，在本书所有定投策略中，该策略对持仓成本的控制能力首屈一指。只要投资者的资金量足够充裕，并合理设定各项参数，该策略几乎可以帮助投资者将亏损幅度控制在自己想要的任何水平。

（2）极短的回本周期。恒定亏损比例策略平抑波动的方式来自当期申购前总收益率 $R<$ 恒定亏损比例 Y 时，该策略的疯狂加码买入拉低了持仓成本；当 $R>0$ 时，恒定亏损比例策略停止买入压制住持仓成本的上行，因此持仓成本只会下降不会上涨，极大地缩短了回本周期。

（3）天然适用于熊长牛短的市场。

缺陷：

（1）适用人群极其狭窄。由于在熊市阶段恒定亏损比例策略的定投金额会呈现几何级爆炸增长，对投资者的资金量要求非常苛刻，需要投资者有足够的资金储备。该策略适用人群极其狭窄，广大工薪阶层未必适合该策略。

（2）该策略需要投资者具备钢铁般的意志与纪律性，特别是在熊市阶段，如果出现断供，中途退出导致的绝对损失将十分庞大。

（3）该策略在牛市时收益率同样超越普通定投法，但投入本金的绝对值可能存在过低的风险。如果本金投入过低，为投资者赚取的绝对回报也将减少。

（4）该策略需要投资者设定合理的恒定亏损比例参数、基础金额参数，以及挑选合适的进场时机，对投资者的专业性提出极高的要求，操作较为烦琐。

（四）恒定亏损比例策略适用人群

（1）适用于资金储备量异常庞大的投资者。
（2）适用于风险承受能力极强的投资者。
（3）适用于专业能力较高的投资者。
（4）适用于纪律性极强的投资者。

八、7 种定投策略对比

普通定投（定期定额法）、进阶版定投（目标点位系数法、阶梯点位系数法、成本偏离法、估值百分位法）、高级版定投（改进价值平均策略、恒定亏损比例策略）的原理已在本章全部介绍完毕，每种策略都有其优势与缺陷，适用于不同的人群与市场，需要投资者根据自身的情况评估选择定投策略。下面，笔者将从现金流压力、操作简便性、专业程度、市场适应性 4 个维度去评价上述 7 种定投方法的适用场景，辅助投资者筛选合适的定投策略。

（一）现金流压力

　　若申购金额维持不变，我们就可以很好地预判未来的现金流压力。困难在于，本书的进阶版与高级版定投的申购金额是无法预测的。现金流压力来自投资者每期申购金额的波动程度，申购金额波动程度越高，投资者面临的现金流压力将越大。

　　基于该逻辑，普通定投法由于其定期定额的特征，申购金额预测难度最小，投资者可根据其闲置资金量和每期固定的现金流入合理地安排申购资金。因此，普通定投法的现金流压力最低。

　　阶梯点位系数法是基于目标点位系数升级的智能定投策略，每期的申购金额会随着指数点位的波动而产生变化。但是，标的指数的点位处于特定区间时，其申购金额又是固定不变的，因此具备了普通定投法和目标点位系数法的部分特征。当标的指数处于底部区域时，其申购金额会加大，但总体看是可以提前预设申购资金量的，因此其现金流压力仅次于普通定投法。

　　目标点位系数法、成本偏离法、估值百分位法、改进价值平均策略4种定投方法均采用了系数与基础金额乘积的方式，当基础金额一致时，申购金额的大小主要取决系数的大小。基于"低位多买，高位少买"的原则，这4种方法在设计过程中均嵌入了指数函数的原理，通过利用目标物与参照物的偏离幅度来决定系数的大小，当收益率为负时，偏离幅度越大，系数越会呈现指数函数的走势。例如，成本偏离法采用的目标物是基金净值，参照物是持仓成本，当收益率为负时，基金净值偏离持仓成本幅度越大，获得的系数将越高，从而让申购金额变得更大。目标点位系数法、估值百分位法、改进价值平均策略也是类似的原理。基于此，这4种方法的申购金额是无法准确预测的，现金流压力比普通定投法、阶梯点位系数法更大。

　　最后是恒定亏损比例策略，将该策略单独拎出来介绍是因为该策略的资金压力是所有定投策略中最大的一种。恒定亏损比例策略在设计过程中，不以定投本金作为目标，也不以市值作为目标，而是以最大亏损幅度作为目标，该策略的亏损幅度一旦确定，最低收益率便是恒定的。为了维持恒定的亏损比例，投资者需要追加的资金量往往异常庞大。该策略的申购金额曲线陡峭程度取决于买入时机、基础金额、恒定亏损比例三要素，任何一个要素都会对申购金额产生巨大的影响。

如表 5-49 所示，除普通定投法和阶梯点位系数法之外，其余 5 种定投策略的现金流压力都不小，适用人群也相对较窄，因此要求投资者审慎评估自身的财务压力。若由于策略选择不当，导致中途资金压力过大，可能影响生活质量甚至发生断供，得不偿失。

表 5-49　7 种定投策略现金流压力对比

定 投 策 略	现金流压力	适 用 人 群
普通定投法	★	适用于大部分投资者
阶梯点位系数法	★★	适用于大部分投资者
目标点位系数法	★★★★	适用于现金流较为宽裕的投资者
成本偏离法		
估值百分位法		
改进价值平均策略		
恒定亏损比例策略	★★★★★	适用于资金储备极其雄厚的投资者

（二）操作简便性

定投面对的投资者群体相当广泛，不同的投资者专业程度差异较大，对定投策略的操作简便性有着不同的诉求。

市面上大部分基金公司提供的定投策略以普通定投法为主，这种方法推广时间最长、原理简单、操作方便、老少皆宜。

阶梯点位系数法需要投资者划定标的指数的区间点位，在不同的点位区间内设置不同的申购金额。虽然操作比普通定投法多了一步，但复杂程度并不会特别高，可理解性较高，对投资者的专业性要求也较低，因此操作简便性也较好，适合大部分投资者。

目标点位系数法、成本偏离法、改进价值平均策略，这三种定投策略复杂程度较高，参数设定上需要投资者具备较强的专业性，同时需要投资者定期审视资产组合，操作简便性较低。

估值百分位法、恒定亏损比例策略，这两种策略的原理和操作难度最大。估值百分位法需要投资者寻找合适的估值指标，搜集历史估值数据，并计算估值百分位，同时需要设定合适的心理临界值，操作起来最为复杂，对投资者的专业性要求高。恒定亏损比例策略的原理理解难度较大。

如表 5-50 所示，不同的策略所对应的操作复杂程度可以大体进行归类，若对操作便利性要求较高的投资者，建议选择普通定投法或阶梯点位系数法，以降低误操作的风险。专业的投资者、对收益率要求较高的投资者以及对操作便利性敏感度较低的投资者，则可以从剩余 5 种方法中挑选最合适的策略。

表 5-50　7 种定投策略操作简便性对比

定投策略	操作复杂程度	适用人群
普通定投法	★	对操作便利性要求较高的投资者。
阶梯点位系数法		
目标点位系数法	★★★★	对收益率有较高要求，同时专业能力较强且对操作便利性要求较低的投资者。
成本偏离法		
改进价值平均策略		
估值百分位法	★★★★★	对收益率有较高要求，同时专业能力较强且对操作便利性要求较低的投资者。
恒定亏损比例策略		

（三）市场适应性

7 种定投策略各有特色，可适用的资本市场也有所差异。

普通定投法推广时间较长，适用于大部分资本市场。阶梯点位系数法与普通定投法的差异在于指数点位区间变化带来的申购金额差异，在某个特定的点位区间内，与普通定投法并无差异，因此这两种方法可适用的资本市场范围较广。

目标点位系数法、成本偏离法、恒定亏损比例策略、改进价值平均策略，这四种策略设计的初衷是在普通定投法的基础上优化"低位多买，高位少买"的效果，控制成本进而提升收益率，因此这四种策略特别适用于"熊长牛短"及波动幅度较大的市场。不过，值得注意的是，牛市中四种策略会自动减少买入金额，在启动定投初期便迎来牛市，这四种策略可能存在投入本金过低的风险。

估值百分位法是基于某类特定的估值指标，根据该指标当期的估值水平位于其自身历史估值的百分位数的定投方法，代表当期的估值水平在可统计历史区间内所处的位置。估值百分位法默认百分位数值越低，相对估值就越低，市场越处于底部，此时越应该加码买入；反之，估值百分位越高，代表资产价格越贵，此时应该减少买入。这种策略从逻辑上看几乎是完美的，但在操作中很难有一个估值指标可精准代表资产贵贱，标的指数的走势与估值走势也并非时刻对应，有时甚至会出现越跌越贵的情况。另外，估值百分位指标的选取与标的指数的成立时间也有紧密的关系，若成立时间过短，则历史估值数据不具备较大的参考意义。

如表 5-51 所示，普通定投法与阶梯点位系数法可适用的市场范围最广。点位系数法、成本偏离法、改进价值平均策略、恒定亏损比例策略，这四种方法最适宜应用在"熊长牛短"的市场。而估值百分位法更适用于标的指数成立时间较久、估值波动较为规律的市场。

表 5-51　7 种定投策略可适用资本市场范围

定 投 策 略	适应市场范围	适应资本市场范围
普通定投法	★★★★★	适用于各种类型的资本市场。
阶梯点位系数法		
目标点位系数法	★★★	最适宜熊长牛短的市场，牛长熊短的市场也可适用，但可能存在本金投入过低的风险。
成本偏离法		
恒定亏损比例策略		
改进价值平均策略		
估值百分位法	★	仅适用于标的指数成立时间较久、估值波动较为规律的市场。

需要说明的是，7 种定投方法各有利弊，没有一种十全十美的定投策略可以适用于任何投资者与任何资本市场。投资者需要客观、理性地分析自身的财务状况和风险偏好，在理解各个策略原理的基础上，挑选适合自己的定投方法，这样才能坦然面对市场波动。

第六章

定投止盈
策略

7大定投策略除普通定投法之外，其余6种策略的设计初衷均是为了强化"低位多买，高位少买"的目的，从而提升收益率。然而，7种定投策略仅仅解决了投资者面临的买入问题，但基金投资除了买入还有卖出。什么时候卖出？怎么卖？又成了一座挡在投资者面前的大山。

"止盈不止损"是盈利的核心逻辑，但不少投资者的止盈系统过于随意，常常因此错失大行情或将盈利回吐给市场。因此一个系统化的止盈策略显得十分有必要，合理的定投止盈方法可帮助投资者保住胜利果实，实现财富的复利积累。

为此，本章将分享笔者总结的止盈方法，其中一部分是传统的止盈方法，已被市场广泛使用，还有一部分是另类的止盈策略，相对新颖。

一、卖出公式

本章止盈策略的原理描述相对简单，可快速入门，几种止盈策略为投资者指出止盈的参照物。当投资者明确止盈参照物后，需要了解具体的卖出策略。

按照卖出基金份额的次数划分，卖出策略可分为一次性止盈和分批止盈。其中，分批止盈又可以根据每期赎回的份额是否相等分为等额分批止盈和非等额分批止盈。3种卖出策略的公式如下。

一次性止盈公式：

$$本期赎回份额=持仓总份额$$

等额分批止盈公式：

$$本期赎回份额=\frac{持仓总份额}{预计减持次数}$$

非等额分批止盈公式：

$$本期赎回份额 = \frac{累计减持次数}{预计减持次数之和} \times 持仓总份额$$

持仓总份额，指投资者还未卖出基金份额之前持有的全部基金份额。持仓总份额 = 已卖出份额 + 剩余持仓份额。

累计减持次数，指已经发生的卖出次数，累计减持次数包含当期的减持，即累计减持次数 = 已减持次数 +1。

预计减持次数，指投资者预计需要分批卖出份额直至份额全部卖完的次数。

预计减持次数之和，投资者预计分批卖出直至全部卖完的次数之和。例如，投资者预计减持次数为 5 次，那么，预计减持次数之和为：5+4+3+2+1=15。

只要参照条件达到投资者认可的卖出临界点，均可采用一次性止盈。

采用分批止盈的投资者通常对当前的收益率并不是特别满意，预判市场行情还会继续上涨，通过分批卖出的方式获取高于一次性止盈的收益率。在行情达到预计收益率并且继续上涨的前提下，等额分批止盈的收益率将超越一次性止盈；非等额分批止盈利用"越涨越卖"的原理，收益率越高，卖的份额越多，相同条件下非等额分批止盈方法的收益率将超越等额分批止盈方法。分批止盈的关键在于投资者需要合理预估减持次数，对投资者的专业性提出较高要求。

二、传统止盈参照物

（一）目标收益率法

（1）操作方法与原理

目标收益率法分为目标总收益率法和目标年化收益率法，原理是当定投的收益率（总收益率或年化收益率）达到或超过投资者预计的目标时，开始卖出基金份额。

目标总收益率法是指当基金定投的总收益率超过预计目标时，投资者一次性或分批卖出基金份额的止盈方法，这种方法原理最简单，应用也最广泛。

目标年化收益率法是指当基金定投的年化收益率超过预计目标时，投资者一次性或分批卖出基金份额的止盈方法。由于基金定投的年化收益率计算方法相对复杂（详见本书第七章），与目标总收益率相比，该策略的使用者相对较少。值得注意的是，年化收益率具有衡量资金使用效率的功能，当年化收益率跑赢市场无风险利率和通货膨胀率时，这笔投资才有意义。因此，投资者采用目标年化收益率方法止盈时，建议以无风险利率与通货膨胀率两个指标作为参照物，当年化收益率高于两个指标时，说明该笔资金的使用效率较高。

虽然两种策略的止盈参照依据有所差异，但均属于目标收益率法，无论是总收益率还是年化收益率，只要收益率达到预计目标，均可以沿用相同的卖出公式。

（2）目标收益率法案例解析

以上证 50 指数为例，跟踪该指数的天弘上证 50 指数 C 基金的前端不收取申购费，超过 7 天则免收赎回费，如表 6-1 所示。以该基金作为标的基金进行历史回测，以该基金成立当月的最后一个交易日作为定投开始日，即 2015 年 7 月 31 日。采用成本偏离法进行动态加、减码买入，假设成本偏离法幂次方 n 取值为 10。止盈方法采用目标总收益率法，假设定投总收益率超过 30% 时开始赎回，赎回分一次性赎回、等额分批赎回和非等额分批赎回，分批赎回的预计减持次数为 5 次。假设基础金额为 10 000 元，每月交易一次，交易时间为每月最后一个交易日，定投开始日即为扣款日，如有分红选择红利再投资。

表 6-1　目标收益率法定投止盈要素表（天弘上证 50 指数 C）

项　　目	内　　容
标的指数	上证 50 指数
标的基金名称	天弘上证 50 指数 C

续表

项　目	内　容
定投开始日	2015-07-31
定投结束日	超过目标总收益率时
定投赎回日	超过目标总收益率时
交易时间	每月最后一个交易日
交易频率	每月操作一次
定投买入策略	成本偏离法
成本偏离法幂次方 n	10
目标总收益率	30%
基础金额（元）	10 000
分批止盈预计减持次数（次）	5
申购费率	0
赎回费率（持有期限 <7 天）	1.5%
赎回费率（持有期限 ≥7 天）	0
定投开始日是否为扣款日	是
分红形式	红利再投资

经过数据回测，2017 年 10 月定投总收益率首次超过 30%，持仓总份额达到 287 287.18 份，累计投入本金为 233 290.39 元。如表 6-2 所示，在一次性止盈方法下，2017 年 10 月赎回全部基金份额，总收益率为 32.31%，年化收益率为 18.78%。随后基金涨势并未就此见顶，如图 6-1 所示，基金净值在首次赎回后继续上涨，此时采用分批止盈方法可获得更高的收益率。等额分批止盈和非等额分批止盈两种赎回方法的总收益率分别为 37.25% 和 38.48%，两者的年化收益率也非常接近，超过了一次性止盈方法的年化收益率。

表 6-2　目标收益率法定投止盈收益率（天弘上证 50 指数 C）　　单位：%

赎　回　方　式	总　收　益　率	年化收益率
一次性止盈	32.31	18.78
等额分批止盈	37.25	19.3
非等额分批止盈	38.48	19.26

——天弘上证50指数C基金净值

图 6-1　天弘上证 50 指数 C 基金净值走势（2015 年 7 月—2018 年 2 月）

数据来源：Choice。

分批止盈的预计减持次数为 5 次，于是等额分批止盈每期的赎回份额即为 57 457.44 份。非等额分批止盈采用递增式赎回的方式，首次赎回份额较少，之后逐渐增加。非等额分批止盈方法的首次赎回份额为（1/15）×287 287.18=19 152.48 份，第二次赎回份额为（2/15）×287 287.18=38 304.96 份，依此类推。由此形成表 6-3 所示的不同批次的赎回份额以及表 6-4 所示的每期赎回的市值。

表 6-3　目标收益率法定投止盈赎回份额（天弘上证 50 指数 C）

赎回时间	一次性止盈（份）	等额分批止盈（份）	非等额分批止盈（份）
2017-10-31	287 287.18	57 457.44	19 152.48
2017-11-30	0	57 457.44	38 304.96
2017-12-29	0	57 457.44	57 457.44
2018-01-31	0	57 457.44	76 609.91
2018-02-28	0	57 457.44	95 762.39
合计	287 287.18	287 287.18	287 287.18

表 6-4　目标收益率法定投止盈赎回市值（天弘上证 50 指数 C）

赎回时间	一次性止盈（元）	等额分批止盈（元）	非等额分批止盈（元）
2017-10-31	308 661.34	61 732.27	20 577.42
2017-11-30	0	63 318.09	42 212.06
2017-12-29	0	63 203.18	63 203.18

续表

赎回时间	一次性止盈（元）	等额分批止盈（元）	非等额分批止盈（元）
2018-01-31	0	68 523.74	91 364.98
2018-02-28	0	63 421.52	105 702.53
合计	308 661.34	320 198.79	323 060.17

在上涨趋势中，非等额分批止盈的盈利能力最优。如表 6-5 所示，三种赎回方式的总投入均为 233 290.39 元，一次性止盈的总盈利为 75 370.95 元，等额分批止盈和非等额分批止盈的总盈利均超过一次性止盈，其中非等额分批止盈的总盈利为 89 769.78 元，在三种赎回方法中排第一位。

表 6-5　目标收益率法定投止盈投入与盈利情况（天弘上证 50 指数 C）

赎回方式	总投入（元）	期末总市值（元）	总盈利（元）
一次性止盈	233 290.39	308 661.34	75 370.95
等额分批止盈	233 290.39	320 198.79	86 908.40
非等额分批止盈	233 290.39	323 060.17	89 769.78

（3）目标收益率法的利弊与适用人群

目标收益率止盈策略是所有止盈方法中应用最广泛的策略，这种止盈策略原理简单、操作方便。

值得注意的是，行情的波动较为复杂，实际收益率能否达到投资者预计的目标收益率存在较大的不确定性，因此需要投资者合理预估目标收益率。如果目标收益率的预估过于夸张，往往容易导致投资者错过最佳的止盈时机，最终导致盈利回吐甚至盈转亏。

目标收益率止盈策略分为目标总收益率和目标年化收益率，其中目标总收益率的群众基础最广泛，因此可适用于大部分人群，特别是专业能力较弱的投资者。年化收益率的计算方法较为复杂，目标年化收益率法适用于专业能力较强以及对资金效率要求较为苛刻的投资者。

（二）目标估值法

（1）操作方法与原理

目标估值法与目标收益率法有异曲同工之妙，目标收益率法是当定投收益率达到投资者预计的数值后进行止盈的方法，而目标估值法是标的指数估值达到投资者预估的合理估值上限后进行止盈的方法，与收益率没有直接的关联。

投资者可根据标的指数的底层资产情况以及自身的风险偏好选择合适的估值指标，如市盈率、市净率等估值指标。可选择指数基金追踪的标的指数的估值作为参照物，也可以选择市场主流指数的估值作为参照物，若选择后者，指数基金与该主流指数的正相关性不宜过低。

（2）目标估值法案例解析

目标估值法止盈是以标的指数的估值作为参照物，与估值百分位法定投买入策略相似，目标估值法止盈策略同样需要考虑底层资产估值波动的稳定性。出于这样的考虑，笔者此处选择估值波动相对稳定的大盘股指数——央视财经50指数作为标的指数进行历史数据回测，标的基金为招商央视财经50指数A。

目标估值法采用市盈率估值指标，当央视50指数估值达到或高于10倍时停止定投并进行赎回，市盈率低于10倍时则申购基金份额。如表6-6所示，假设定投开始日为2015年7月，定投开始的具体日期以标的指数在当月的市盈率低于10倍时确定，交易时间为每月最后一个交易日，交易频率为每月操作一次。采用成本偏离法买入，基础金额10 000元，成本偏离法幂次方 n 取值10，分批止盈的减持次数预计为5次。假设申购费率按一折算，即0.12%，暂不考虑赎回费，当月最后一个交易日标的指数的市盈率低于10倍时即为定投开始日，定投开始日即为扣款日。分红形式为红利再投资。

表 6-6　目标估值法定投止盈要素表（招商央视财经 50 指数 A）

项　　目	内　　容
标的指数	央视 50 指数
标的基金名称	招商央视财经 50 指数 A
定投开始日	2015-07-31
定投结束日	超过目标市盈率时
定投赎回日	超过目标市盈率时
交易时间	每月最后一个交易日
交易频率	每月操作一次
定投买入策略	成本偏离法
成本偏离法幂次方 n	10
目标市盈率（倍）	10
基础金额（元）	10 000
分批止盈预计减持次数（次）	5
申购费率	0.12%
赎回费率	暂不考虑
定投开始日是否为扣款日	是
分红形式	红利再投资

图 6-2 展示了标的基金与标的指数市盈率的波动情况，总的来说，基金走势与标的指数市盈率的波动呈正向关系。图中的水平直线代表央视 50 指数市盈率处于 10 倍的位置，在直线下方为买入期，市盈率在直线上方时，则选择止盈。

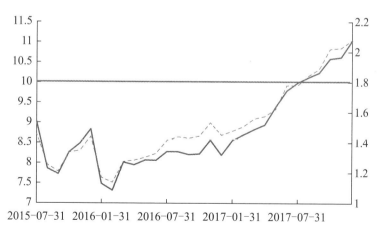

—— 央视财经50指数市盈率（左轴）　---- 招商央视财经50指数A基金净值（右轴）

图 6-2　央视 50 指数市盈率与招商央视财经 50 指数 A 净值走势（2015 年 7 月—2017 年 12 月）

数据来源：Choice。

表 6-7 至表 6-10 展示了招商央视财经 50 指数 A 基金的收益率和盈利绝对值的历史回测数据，一次性止盈、等额分批止盈、非等额分批止盈三种赎回方式的总收益率分别为 46%、55.94%、59.1%，三者的年化收益率分别为 25.99%、27.87%、28.33%。三种赎回方式在首次卖出之前，持仓总份额为 146 498.09 份，但最后赎回的总市值却相差悬殊，一次性止盈方法赎回的总市值为 270 728.46 元，等额分批止盈法赎回 289 157.92 元，非等额分批止盈法赎回 295 017.85 元。

表 6-7 　目标估值法定投止盈收益率（招商央视财经 50 指数 A）　单位：%

赎回方式	总收益率	年化收益率
一次性止盈	46	25.99
等额分批止盈	55.94	27.87
非等额分批止盈	59.1	28.33

表 6-8 　目标估值法定投止盈份额赎回情况（招商央视财经 50 指数 A）

赎回时间	一次性止盈（份）	等额分批止盈（份）	非等额分批止盈（份）
2017-08-31	146 498.09	29 299.62	9 766.54
2017-09-29	0	29 299.62	19 533.08
2017-10-31	0	29 299.62	29 299.62
2017-11-30	0	29 299.62	39 066.16
2017-12-29	0	29 299.62	48 832.7
合计	146 498.09	146 498.09	146 498.09

表 6-9 　目标估值法定投止盈赎回市值（招商央视财经 50 指数 A）

赎回时间	一次性止盈（元）	等额分批止盈（元）	非等额分批止盈（元）
2017-08-31	270 728.46	54 145.69	18 048.56
2017-09-29	0	55 376.28	36 917.52
2017-10-31	0	59 302.43	59 302.43
2017-11-30	0	59 419.62	79 226.17
2017-12-29	0	60 913.9	101 523.17
合计	270 728.46	289 157.92	295 017.85

表 6-10　目标估值法定投总投入与总盈利（招商央视财经 50 指数 A）

赎回方式	总投入（元）	期末总市值（元）	总盈利（元）
一次性止盈	185 434.79	270 728.46	85 293.67
等额分批止盈	185 434.79	289 157.92	103 723.13
非等额分批止盈	185 434.79	295 017.85	109 583.06

　　毫无疑问，当市场处于上涨趋势时，无论是哪个指数、何种基金，分批止盈相对一次性止盈均有超额收益优势，非等额分批止盈也能大概率战胜等额分批止盈。从图 6-3 可以看出非等额分批止盈法相对于一次性止盈的超额收益较高。

图 6-3　分批止盈相对于一次性止盈的超额收益

数据来源：Choice。

（3）目标估值法的利弊与适用人群

　　目标估值法与目标收益率法相似，只不过是参照物替换为估值指标，相对容易理解。目标估值法同时考虑了底层资产的基本面状况，资产的贵贱程度被纳入投资决策系统，与目标收益率法相比，目标估值法止盈策略更加客观、合理。

　　不过，目标估值法需要投资者选取合适的估值指标，因此操作上比目标收益率法复杂。此外，标的指数的估值波动与标的指数点位并非时时对应，该方法适用场景相对较少，适用于估值波动相对稳定的市场。

从适用群体看，该方法适用于基本面投资者以及具备一定专业能力的投资者。

（三）均线止盈法

移动平均线（均线）是常用的技术分析工具，有着广泛的群众基础。移动平均线代表着过去一段时间平均股价的波动趋势，也代表着这段时期内的平均成本，利用股价与移动平均线之间的关系，移动平均线也可以应用在基金止盈中。

（1）操作方法与原理

均线止盈最基本的逻辑是当目标物跌破参照物时，触发止盈，此处的参照物是指投资者预估的某条均线。如图 6-4 所示，在均线止盈法下，投资者可选择价格指数、短期均线作为目标物，短期均线或长期均线作参照物。当目标物跌破参照物时，即价格指数跌破短期均线，或价格指数跌破长期均线，或短期均线下穿长期均线，便触发止盈。

图 6-4　牛转熊时期长短期均线与上证指数走势（周线）

数据来源：同花顺。

均线止盈法的参照依据是价格与均线之间的支撑和压力关系，投资者选择均线作为参照物时往往需要依赖过往的历史行情数据，因此需要足够丰富的历史数据作为样本。另外，选择合适的均线系统格外重要，需要投资者具备一定的技术分析能力。

（2）均线止盈法案例解析

以创业板指数为例，跟踪该指数的易方达创业板 ETF 联接基金 A 于 2011 年 9 月成立，此处以该基金成立当月作为定投初始月份，并采用均线止盈法对历史数据进行回测。

如表 6-11 所示，假设以创业板指数作为标的指数，当定投总收益率超过 30% 且创业板指数月 K 线收盘价跌破 5 月均线时，即触发止盈。采用成本偏离法作为定投买入策略，基础金额 10 000 元，成本偏离法幂次方 n 取值为 10，交易频率为每月一次，操作时间为每月的最后一个交易日。分批止盈的预计减持次数为 5 次。假设不限制申购金额，不考虑赎回费率，定投开始日即为扣款日，分红选择红利再投资。

表 6-11　均线止盈法定投要素表（易方达创业板 ETF 联接 A）

项　　目	内　　容
标的指数	创业板指数
标的基金名称	易方达创业板 ETF 联接 A
定投开始日	2011-09-30
定投结束日	总收益率超 30% 且创业板指数月 K 线跌破 5 月均线
定投赎回日	总收益率超 30% 且创业板指数月 K 线跌破 5 月均线
交易时间	每月最后一个交易日
交易频率	每月操作一次
定投买入策略	成本偏离法
成本偏离法幂次方 n	10
基础金额（元）	10 000
分批止盈预计减持次数（次）	5
申购费率	0.12%
赎回费率	暂不考虑
是否限制申购金额	否
定投开始日是否为扣款日	是
分红形式	红利再投资

创业板指数月 K 线和创业板指数 5 月移动平均线如图 6-5 所示，图 6-6 为易方达创业板 ETF 联接 A 基金净值的波动趋势。首次满足定投总收益率超 30% 且创业板指数月 K 线收盘价跌破 5 月移动平均线的时间为 2014 年 3 月，因此 2014 年 3 月 31 日即为首次止盈赎回日。

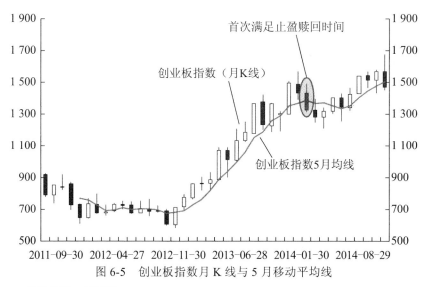

图 6-5　创业板指数月 K 线与 5 月移动平均线

数据来源：同花顺。

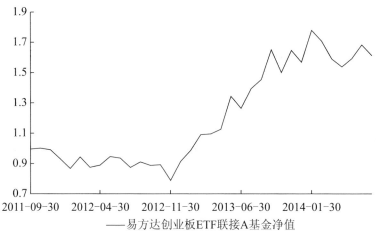

——易方达创业板ETF联接A基金净值

图 6-6　易方达创业板 ETF 联接 A 净值波动趋势

数据来源：Choice。

　　表 6-12 展示了易方达创业板 ETF 联接 A 从成立当月开始的定投回测数据，2014 年 3 月 31 日为首次止盈赎回日，当日一次性止盈的总收益率为 78.17%，年化收益率为 36.78%。在 2014 年 3 月之后，每个月止盈赎回一次，累计减持次数为 5 次，分批止盈分为等额分批止盈和非等额分批止盈，两者的总收益率分别为 79.64% 和 81.03%，年化收益率分别为 33.87% 和 33.32%。分批止盈之间的总收益率和年化收益率差异不大，但分批止盈与一次性止盈相比，收益率有较大差异。

　　导致分批止盈年化收益率低于一次性止盈年化收益率的主要原因是后期基金净值上涨趋势趋于平缓，但分批止盈的持续时间过长，最终导致资金使用效率下降，分批止盈的年化收益率被拉低。

表 6-12　均线止盈法收益率（易方达创业板 ETF 联接 A）　　单位：%

赎回方式	总收益率	年化收益率
一次性止盈	78.17	36.78
等额分批止盈	79.64	33.87
非等额分批止盈	81.03	33.32

　　经过回测，易方达创业板 ETF 联接 A 从 2011 年 9 月 30 日开始的定投持续时间为 35 个月，其中，从开始定投当月起至满足首次止盈赎回条件的当月，一共耗时 30 个月。在此过程中，定投累积基金份额为 278 403.19 份。一次性止盈赎回份额即为持仓总份额 278 403.19 份，等额分批止盈每期赎回 55 680.64 分，非等额分批止盈每期赎回份额为：

$$\frac{累计减持次数}{预计减持次数之和} \times 持仓总份额$$。以每期赎回份额数量乘以当期基金净值即为当期的赎回市值，三种赎回方式每期赎回份额数量和每期赎回市值如表 6-13、表 6-14 所示。

表 6-13　均线止盈法赎回份额（易方达创业板 ETF 联接 A）

赎回时间	一次性止盈（份）	等额分批止盈（份）	非等额分批止盈（份）
2014-03-31	278 403.19	55 680.64	18 560.21
2014-04-30	0	55 680.64	37 120.42
2014-05-30	0	55 680.64	55 680.64
2014-06-30	0	55 680.64	74 240.85
2014-07-31	0	55 680.64	92 801.06
合计	278 403.19	278 403.19	278 403.19

表 6-14　均线止盈法赎回市值（易方达创业板 ETF 联接 A）

赎 回 时 间	一次性止盈（元）	等额分批止盈（元）	非等额分批止盈(元)
2014-03-31	443 329.23	88 665.85	29 555.28
2014-04-30	0	85 998.74	57 332.50
2014-05-30	0	88 560.05	88 560.05
2014-06-30	0	93 838.58	125 118.10
2014-07-31	0	89 924.23	149 873.71
合计	443 329.23	446 987.45	450 439.65

从投入产出比看，虽然分批止盈的资金使用效率较低，但市场整体处于震荡上升趋势，因此分批止盈的盈利绝对值要高于一次止盈的总盈利。如表 6-15 所示，本次易方达创业板指数基金的累计投入本金为 248 823.22 元，一次性止盈最终只赚了 194 506.01 元，略低于分批止盈方式。

表 6-15　均线止盈法总投入与总盈利（易方达创业板 ETF 联接 A）

赎 回 方 式	总投入（元）	期末总市值（元）	总盈利（元）
一次性止盈	248 823.22	443 329.23	194 506.01
等额分批止盈	248 823.22	446 987.45	198 164.23
非等额分批止盈	248 823.22	450 439.65	201 616.43

（3）均线止盈法利弊与适应人群

均线止盈法的优势是直观、易懂，当指数价格低于投资者预估的某条支撑均线时，即触发赎回。投资者只要具备 K 线基础知识，便可轻松驾驭。

均线止盈法的缺陷也十分明显，虽然历史会重复，但通过观测过往股市波动趋势来确定具体的均线难免有刻舟求剑之意，股市的波动是随机的，历史不一定会简单地重复。

均线止盈法适用于大部分投资者以及具备一定技术分析能力的投资者。

（四）回撤止盈法

均线止盈法的原理是价格回落至均线位置，直至跌破该均线后认定市场已经击穿某一关键位置，此时便可止盈离场。这一方法的本质属于价格回落止盈策略，基于这一原理，又可以延伸出回撤止盈法。

（1）操作方法与原理

回撤止盈法是指价格或收益率创出新低之后，当期的低点距离前期高点达到投资者心理可以承受的最大回撤幅度时进行止盈的方法，从阶段高点到当前低点的回撤幅度便是投资者止盈的参照物，原理如图 6-7 所示。

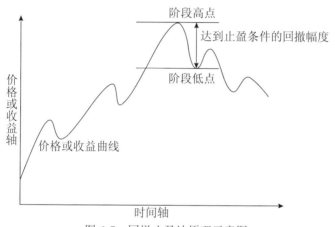

图 6-7 回撤止盈法原理示意图

投资者可以预估一个合理的回撤幅度，该回撤幅度是投资者可以忍受的最大回撤值，当基金净值、收益率或标的指数点位从之前的高点下跌，跌幅达到甚至超过该幅度时，投资者就可以赎回基金份额。如果回撤数值过小，容易错过大行情；可如果回撤幅度过大，则容易损失利润，合理地预估回撤幅度显得十分必要。

（2）回撤止盈法案例解析

以美国股市基准指数标准普尔 500 指数为例，国内基金公司最早发行的跟踪标普 500 指数的指数基金是博时标普 500ETF。我们以跟踪该基金的 ETF 联接 A 基金作为标的基金进行回测。博时标普 500ETF 联接 A 成立于 2012 年 6 月，以该基金成立当月作为定投起始月份。采用成本偏离法买入策略，成本偏离度系数幂次方 n 取值为

10，基础金额为 10 000 元。假设收益率为正且当期指数点位距离前期高点回撤超 10% 时进行止盈，分批止盈的减持次数为 5 次，具体信息如表 6-16 所示。

表 6-16　回撤止盈法历史回测要素表（博时标普 500ETF 联接 A）

项　　目	内　　容
标的指数	标准普尔 500 指数
标的基金名称	博时标普 500ETF 联接 A
定投开始日	2012-06-30
定投结束日	收益率为正且当期指数收盘价距前期高点回撤超 10%
定投赎回日	收益率为正且当期指数收盘价距前期高点回撤超 10%
交易时间	每月最后一个交易日
交易频率	每月操作一次
定投买入策略	成本偏离法
成本偏离法幂次方 n	10
回撤参照物	标准普尔 500 指数
可承受最大回撤幅度	10%
基础金额（元）	10 000
分批止盈预计减持次数（次）	5
申购费率	0.12%
赎回费率	暂不考虑
是否限制申购金额	否
定投开始日是否为扣款日	是
分红形式	红利再投资

如图 6-8 所示，2012 年至 2016 年，标普 500 指数整体呈现牛市的格局，仅在 2015 年底 2016 年初有小幅震荡。2015 年 5 月，标普 500 指数创 2008 年金融危机以来的新高，当月盘中触及 2 134.72 点高位，随后指数进入调整状态。2015 年 9 月，标普 500 指数月 K 线收盘报于 1 920.03 点，较 2015 年 5 月高点回撤幅度达 10%，当月首次满足止盈赎回的条件。

图 6-8　标普 500 指数月 K 线走势图（2012 年 6 月—2016 年 8 月）
数据来源：同花顺。

通过成本偏离法对博时标普 500 ETF 联接 A 进行定投回测，在 2015 年 9 月 30 日首次满足赎回条件，表 6-17 显示满足首次赎回条件之后三种赎回方式产生的收益率差异。当月一次性清仓，总收益率为 31.9%，年化收益率为 11.46%。在满足首次止盈条件之后，每月赎回一次，累计减持 5 次后，分批止盈的总收益率和年化收益率均超过一次性止盈。等额分批止盈总收益率为 39.41%，年化收益率为 12.98%；非等额分批止盈总收益率为 40.16%，年化收益率为 12.93%。

表 6-17　回撤止盈法历史回测收益率（博时标普 500ETF 联接 A）

单位：%

赎 回 方 式	总 收 益 率	年化收益率
一次性止盈	31.9	11.46
等额分批止盈	39.41	12.98
非等额分批止盈	40.16	12.93

2008 年金融危机之后，美国股市保持长牛，使得分批止盈在牛市中的收益优势得到发挥，等额分批止盈和非等额分批止盈的总收益率和年化收益率均超过一次性止盈。三种赎回方式的持仓总额份额是一致的，但不同的是对赎回份额的分阶段控制。如表 6-18、表 6-19 所示，非等额分批止盈在后期的赎回份额最多，最后一期赎回份额为 33 651.55 份，是持仓总份额的 1/3，赎回市值自然也最高，充分利用

了美国股市"牛长熊短"的特征。

表 6-18　回撤止盈法份额赎回情况（博时标普 500ETF 联接 A）

赎回时间	一次性止盈（份）	等额分批止盈（份）	非等额分批止盈（份）
2015-09-30	100 954.66	20 190.93	6 730.31
2015-10-30	0	20 190.93	13 460.62
2015-11-30	0	20 190.93	20 190.93
2015-12-31	0	20 190.93	26 921.24
2016-01-29	0	20 190.93	33 651.55
合计	100 954.66	100 954.66	100 954.66

表 6-19　回撤止盈法份额赎回市值（博时标普 500ETF 联接 A）

赎回时间	一次性止盈（元）	等额分批止盈（元）	非等额分批止盈（元）
2015-09-30	148 202.55	29 640.51	9 880.17
2015-10-30	0	31 906.20	21 270.80
2015-11-30	0	32 175.36	32 175.36
2015-12-31	0	32 096.94	42 795.92
2016-01-29	0	30 823.15	51 371.92
合计	148 202.55	156 642.16	157 494.17

本次定投回测累计投入本金为 112 363.74 元，期末总市值最高达 157 494.17 元，最低为 148 202.55 元。从投入产出情况看，在"牛长熊短"的美国股市，慢慢卖要比一次性全部卖光更好。

表 6-20　回撤止盈法总投入与总盈利（博时标普 500ETF 联接 A）

赎回方式	总投入（元）	期末总市值（元）	总盈利（元）
一次性止盈	112 363.74	148 202.55	35 838.81
等额分批止盈	112 363.74	156 642.16	44 278.42
非等额分批止盈	112 363.74	157 494.17	45 130.43

（3）回撤止盈法的利弊与适应人群

回撤止盈法的原理简单，投资者只需具备最基本的 K 线基础知识便可掌握，适用人群广泛。但是该方法需要频繁盯盘，因此适用于闲暇时间较多的投资者。

另外，合理预估可承受最大回撤值也不是一件容易的事，如果该数值过小，容易错过大行情，最后可能导致投资者出现冲动式交易，追高被套。若该数值过大，则容易损失较多的盈利，同样得不偿失。以本人经验，10% ～ 20% 的回撤幅度是合理的。

三、另类止盈参照物

目标收益率法、目标估值法、均线止盈法、回撤止盈法均属于传统止盈策略，在市场中应用较为广泛。虽然这 4 种方法的参照物有所不同，但是相似之处在于它们皆可以量化为数据或公式，从而帮助投资者合理保住投资利润。

在实际操作中，市场往往有着某些规律，这些规律会周而复始地出现。与传统止盈策略不同的是，这些规律背后是人性的贪婪和恐惧，很难通过量化方式将其整理成通用的止盈公式，但它们确确实实存在着，因此笔者将它们统称为"另类止盈策略"。下文将以"可转债""K线波动斜率"作为参照物，为投资者介绍可转债转股止盈法、斜率偏离法两种另类止盈策略。

（一）可转债转股止盈法

可转债是一种兼具债性和股性的可转换证券。可转债刚发行上市时是纯粹的债券，每年偿还利息。过了一定时期后，可转债允许转换为股票，业内将可转债允许转换的上市公司股票称为"正股"。通常而言，只有当转换为股票的价值高于债券的价值时，转股才具有意义。

（1）操作方法与原理

可转债往往比普通的公司债券、企业债具有更低的利率成本，再加上可转债可以转换成股票，因此发行可转债的上市公司通常更愿意投资者将债券转换为股票，如此一来上市公司便减少了偿还大量债务的压力。

牛市是可转债大规模转股的最佳时期，此时正股的股价快速上涨，转股价值往往高于债券价值，转股可以获得更高的收益，投资者愿意将可转债转换成正股股票。由于上市公司发行的可转债债券规模是固定的，转换成股票后，债券余额会下降，可转债债券的市值也会因为债券余额下降受到影响。在牛市后半段，大量发行了可转债的上市公司更愿意将剩余的可转债转换为股票，此时会发布可转债"强制赎回公告"，标志着上市公司大规模可转债转股的时机到来。

上述这一点可以帮助我们判断牛市的相对顶部区域。目前市面上有很多公募基金公司发行了可转债基金，这些可转债基金的大部分资产用于配置 A 股可转债。通过观察基金配置的可转债市值占基金总资产的比例，我们可以大致了解市场的相对顶部和相对底部。如图 6-9 所示，将公募可转债基金的可转债市值占基金总资产比例的平均值与上证指数季度走势图对比后，我们可以发现两者基本上呈负相关关系，相关系数为 -0.176 2。

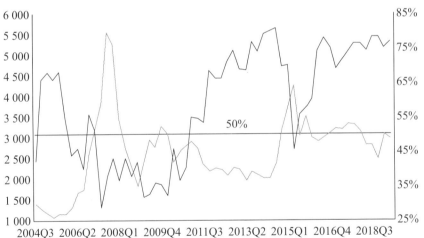

——上证指数（季线，左轴）　——可转债市值占可转债基金总资产比例平均值（右轴）

图 6-9　公募可转债基金中的可转债市值占比与上证指数走势关系（2004Q3—2019Q2）

数据来源：Choice。

通过研究发现，公募可转债基金的可转债市值占可转债基金总资产比例的平均值在牛市顶部区域均出现断崖式下跌，在 2007 年牛市时仅为 28.88%，在 2015 年牛市时仅为 45.97%。而在市场相对底部区

域，可转债基金的可转债市值占可转债基金总资产比例的平均值接近80%。于是，我们可以大致总结出一个止盈公式，即

$$可转债转股止盈临界线=\frac{\sum 期末可转债基金配置可转债市值}{\sum 期末可转债基金总资产}\times100\%$$

由于历史数据较少，该比例无固定的数值规律可循，但两次大牛市可转债基金"可转债市值/可转债基金总资产"的比值均低于50%，可大致用 50% 的临界线作为基金定投的止盈参照物，即当市场上所有的可转债基金配置的可转债债券市值低于全部可转债基金总资产的一半时，投资者便可以赎回基金份额。

不过，这个方法有相对明显的缺陷，即公募基金每隔一个季度披露定期报告，因此存在明显的时滞性，无法为投资者的交易带来及时的指导信息。因此分批止盈的赎回次数尽量不要太多，1～2 次完成清仓，效果较佳。

（2）可转债转股止盈法案例解析

以华安上证 180ETF 联接基金为例，该基金跟踪上证 180 指数，成立于 2009 年 9 月。以表 6-21 为例，假设以成立当月作为定投起始月，采用成本偏离法买入，成本偏离法幂次方 n 取值为 10，交易频率为每月一次，交易时间为每月最后一个交易日，基础金额为 10 000 元。止盈条件为总收益率超 30% 且全部可转债基金中可转债市值占基金总资产的比例低于 50%，赎回开始日即首次满足止盈条件的当季度最后一个交易日，如分批止盈，减持次数为 2 次，随后每月操作一次。

表 6-21　可转债转股止盈法回测要素表（华安上证 180ETF 联接）

项　　目	内　　容
标的指数	上证 180 指数
标的基金名称	华安上证 180ETF 联接
定投开始日	2009-09-30
定投结束日	收益率超 30% 且全部可转债基金债券市值占基金总资产比例低于 50%
定投赎回日	收益率超 30% 且全部可转债基金债券市值占基金总资产比例低于 50%

续表

项　目	内　容
交易时间	每月最后一个交易日
交易频率	每月操作一次
定投买入策略	成本偏离法
成本偏离法幂次方 n	10
回撤参照物	目标收益率、转债基金债券市值占基金总资产比例
基础金额（元）	10 000
分批止盈预计减持次数（次）	2
申购费率	0.12%
赎回费率	暂不考虑
是否限制申购金额	否
定投开始日是否为扣款日	是
分红形式	红利再投资

如图 6-10 所示，全部可转债基金的可转债债券市值占可转债基金总资产比例与华安上证 180ETF 联接基金的净值走势基本为反向波动关系，图中展示部分的相关系数为 -0.405 6。在市场底部区域，可转债债券市值占可转债基金总资产比例可达 70% ～ 80%，牛市期间该比例迅速下降，当下降至 50% 以下时，触发止盈。

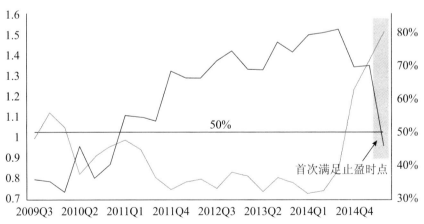

图 6-10　公募可转债基金中可转债市值占总资产比例与华安上证 180ETF 联接基金走势

数据来源：Choice。

这种方法的缺陷在止盈时是非常明显的，由于公募基金披露定期报告的时间延后且每年只披露 4 次，有较强的滞后性，当投资者决定要止盈时，市场往往已经见顶并处于快速下跌的阶段。表 6-22 展示的内容即为此类情形，2015 年二季度末，市场见顶，系统提示首次满足止盈条件，投资者开始赎回。然而到该年 6 月上旬，市场已经见顶，到 7 月末基本处于熊市阶段，此时若采取分批止盈或分批止盈的时间过长，收益率会迅速下降。通过回测，华安上证 180ETF 联接基金在 2015 年二季度末满足首次止盈条件，当月可进行一次性止盈，也可以是分批止盈的首次赎回月份，2015 年 7 月再赎回一次。然而，在三种赎回方式中，非等额分批止盈的总收益率最低，仅有 72.77%，年化收益率仅为 18.16%。一次性止盈的赎回方式总收益率达到 89.12%，年化收益率超过 22%。

表 6-22　可转债转股止盈法收益率（华安上证 180ETF 联接）　　单位：%

赎 回 方 式	总 收 益 率	年化收益率
一次性止盈	89.12	22.29
等额分批止盈	76.86	19.05
非等额分批止盈	72.77	18.16

数据来源：Choice。

如表 6-23 至表 6-25 所示，我们采用成本偏离法定投华安上证 180ETF 联接基金，累计投入本金为 1 109 907.15 元，持仓总份额为 1 378 961.77 份。但赎回方式的不同令最终的收益差距悬殊。因此，对于这种方法，我们建议采用一次性止盈方式，或将分批止盈的预计减持次数减少，以降低由于信息披露延迟带来的损失。

表 6-23　可转债转股止盈法份额赎回情况（华安上证 180ETF 联接）

赎 回 时 间	一次性止盈（份）	等额分批止盈（份）	非等额分批止盈（份）
2015-06-30	1 378 961.77	689 480.89	459 653.92
2015-07-31	0	689 480.89	919 307.85
合计	1 378 961.77	1 378 961.77	1 378 961.77

表 6-24　可转债转股止盈法赎回市值（华安上证 180ETF 联接）

赎 回 时 间	一次性止盈（元）	等额分批止盈（元）	非等额分批止盈（元）
2015-06-30	2 099 055.61	1 049 527.81	699 685.2
2015-07-31	0	913 424.28	1 217 899.04
合计	2 099 055.61	1 962 952.08	1 917 584.24

表 6-25　可转债转股止盈法总投入与总盈利（华安上证 180ETF 联接）

赎 回 方 式	总投入（元）	期末总市值（元）	总盈利（元）
一次性止盈	1 109 907.15	2 099 055.61	989 148.46
等额分批止盈	1 109 907.15	1 962 952.08	853 044.93
非等额分批止盈	1 109 907.15	1 917 584.24	807 677.09

（3）可转债转股止盈法利弊与适用人群

可转债转股止盈的策略相对新颖，目前市面上采用这种方法的投资者相对较少。它为投资者提供了另一种观察视角，从原理上看，策略的有效性相对较高。

可转债转股止盈法的缺点是可转债转股的原理较为复杂，较难理解；投资者需要统计可转债转股的数据，操作不便且时效性差。

该方法适合专业能力较强的投资者。

（二）斜率偏离法

斜率偏离法是一种独特的止盈方法，之所以说它独特，是因为它无法用准确的数据或公式来帮助投资者给出既定的止盈策略，这是一种通过观察市场狂热程度及运行规律得来的经验法则。

（1）操作方法与原理

具体来说，当一项资产运行在上升通道时，一段时间内该项资产的上涨斜率是相对固定的。随着时间的推移，该项资产的上涨带来了客观的赚钱效应，吸引了各路投资者蜂拥而入，市场资金的加速涌入从而推升了资产价格。资产价格的运行通道由此偏离了原有的上升轨迹线，进入另一个上升通道内，该通道的上升斜率更为陡峭。

于是就有了图 6-11 所示的斜率偏离法价格曲线波动图，越到牛市后期，赚钱效应越显著，资金涌入速度越快，市场狂热到极点，资产价格上升的曲线将越来越陡峭。直到最后进入临界点，获利的投资者为了保住利润加速卖出。卖出的资金量与买入的资金量相互抵消，当卖出的资金量超过买入的资金量时，市场开始逆转，此时容易形成逆反馈，资产价格加速下跌。

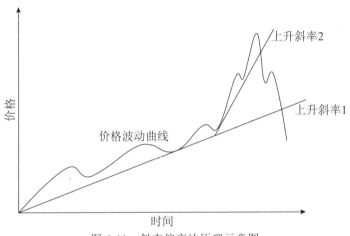

图 6-11 斜率偏离法原理示意图

斜率偏离法的目的是在市场发生逆转之前，通过观察资产价格的上升斜率来决定是否进行止盈以及确定止盈的份额数量。当上升斜率较小时，市场往往处于牛市上升期，资产价格还未完全到达顶部，甚至估值也不会贵得离谱，此时可以不止盈或小幅止盈。当上升趋势由原有通道换至另外一个通道，斜率变大时，可加码卖出一部分资产。上涨斜率越大，卖出的份额越多。

这个方法的原理涉及行为金融学理论，背后是人性的贪婪与恐惧。但人性的狂热与恐惧难以度量，斜率偏离法很难通过量化公式给出具体的止盈标准，它更像是一种艺术，需要投资者具备强大的"盘感"及丰富的实战经验。

这种现象广泛存在于古今中外的资本市场。如图 6-12 所示，2007 年中国 A 股大牛市期间，上证指数月 K 线上涨斜率在 2007 年 7

月起发生了明显的偏离，2007 年 7 月至 2007 年 10 月上升速度明显加快，随后偃息旗鼓，牛市结束。香港恒生指数从 2003 年起的大牛市同样在后期经历了不同程度的上升斜率跳档。2000 年的纳斯达克科技大泡沫、1990 年日本股市大泡沫期间也同样如此。

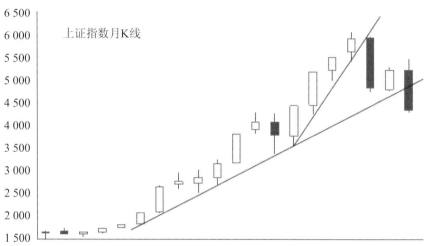

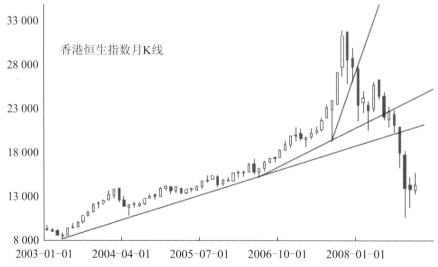

图 6-12　全球主流股市主要指数在大牛市期间的斜率偏离程度

数据来源：Choice、同花顺。

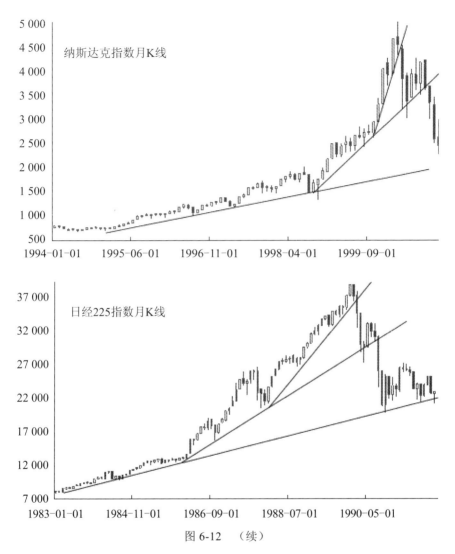

图 6-12　（续）

除股票市场外，大宗商品市场也有同样的特征。纽约商品交易所
COMEX 黄金价格指数在从 2000 年起的大牛市中也经历了不同程度
的上升斜率跳档偏离情况，如图 6-13 所示，2008 年之后黄金进入主
升浪，2010 年行情进入高潮，上升斜率明显提升，随后在 2013 年止
步回落。

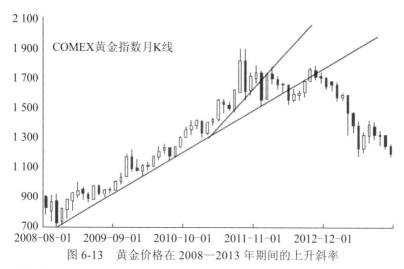

图 6-13　黄金价格在 2008—2013 年期间的上升斜率

数据来源：Choice。

（2）斜率偏离法的利弊与适用人群

斜率偏离法是一种经验法则，它通过观察市场的行为特征来决定是否进行止盈，它的优势是利用了人类亘古不变的人性特征——人性的贪婪与恐惧会周而复始，令资产价格升腾与破灭，因此该方法的有效性很强。

该方法的缺点是无法准确掌握人性的狂热程度与止盈的具体时间，有时候市场的顶部并未随着明显的斜率偏离，该方法并非时时准确。另外，它需要投资者具备强大的"盘感"及实战操盘经验，适用人群覆盖面较窄。

该方法适用于大类资产长周期价格波动趋势，短周期的价格波动并非时时奏效。适用人群为有较强技术分析能力，并具备敏锐的风险感知能力的逆向投资者。

第七章

定投统计
小技巧

基金定投的耗时往往较长，投资者需要处理的数据量往往也比较大，对收益率有苛刻要求的投资者对数据的统计需求更高。经常会有投资者向笔者咨询当面临重复申购、赎回的情形时，应该如何计算收益率指标，或者如何测算一个指数的估值、指数基金的估值等统计问题。针对投资者在基金定投过程中常见的统计困扰，本章将手把手教会投资者数据统计的小技巧，帮助投资者迅速搞定这些困难。

一、如何计算定投年化收益率

年化收益率是衡量投资者资金利用效率的最佳指标，它采用复利原理，将投资总收益率折算成年化收益率，如将 7 天的总收益率折合成 1 年的理论收益率便是 7 日年化收益率。

年化收益率的计算原理相对总收益率较为烦琐，特别是在定投过程中，涉及申购、赎回、定期、不定期等情况发生时，年化收益率的计算更加复杂。

假设 Y 代表年化收益率，C 代表投资的本金，R 代表期末的市值总额，K 代表定投总收益率，即 $K=R/C-1$。假设一年的有效投资时间是 N，完成一轮投资所经历的时间是 T。那么，定投年化收益率即为

$$Y=(1+K)^{\wedge}(N/T)-1$$

或

$$Y=(1+R/C-1)^{\wedge}(N/T)-1=(R/C)^{\wedge}(N/T)-1$$

　　这个公式从理论上看是完美无瑕的，它将定投总收益率与复利完美结合从而计算出年化收益率。美中不足的是这个公式在现实生活中的操作相当烦琐，由于投资者在定投过程中难免会发生中途赎回的情况，赎回市值的同时也要考虑投入本金的减少，因此投资本金的计算较为复杂。另外，这个公式还需要投资者计算完成一轮投资所经历的具体时间周期 T，统计起来较为烦琐。笔者建议，该公式仅作为投资者理解年化收益率的原理即可，无须应用到具体计算中。

　　既然如此，是否有一种便捷的方法可以迅速统计出定投的年化收益率呢？答案是肯定的。最便捷方法就是利用 Excel 表格工具里的 XIRR 函数。

　　XIRR 函数，它本质是反映一组现金流的内部收益率（IRR），这组现金流的发生时间可以是不固定的，也可以是固定的。XIRR 函数会将这组现金流的内部收益率自动折合成年度的内部收益率，而年度内部收益率就是我们所要的年化收益率。XIRR 函数的基本表达式为

$$XIRR（values，dates，[guess]）$$

　　values 指现金流组。需要特别注意的是，XIRR 函数的 *Values* 数值需要取正负相反的符号，即一组现金流的方向为正数，另外一个方向的现金流为负数。如果投资者将现金流组中的支出定义为负数，那么收入就应该是正数；如果投资者将现金流组中的支出定义为正数，那么收入就应该是负数。总之，现金流组中不同方向的现金流取值符号应该相反。

　　dates 指与现金流组相对应的日期。需要注意的是，*dates* 是 XIRR 函数中必须填写的数据。

　　[guess] 为对函数 XIRR 计算结果的估计值，该数值可填可不填。

　　假设，申购基金用负数表示现金流流出，赎回基金用正数表示现金流流入，每期固定的现金支出单位为 -1 000，最后一期赎回，现金流入单位为 6 500。表 7-1 展示了在定期定额、不定期定额、定期不定额和不定期不定额 4 种情形下模拟计算出的 XIRR 结果。

表 7-1 4 种不同现金流支出情况的年化收益率

定 期 定 额		不定期定额		定期不定额		不定期不定额	
Dates	Values	Dates	Values	Dates	Values	Dates	Values
2019/01/01	-1 000	2019/01/10	-1 000	2019/01/01	-1 000	2019/01/10	-1 000
2019/02/01	-1 000	2019/02/15	-1 000	2019/02/01	-1500	2019/02/15	-1 500
2019/03/01	-1 000	2019/03/06	-1 000	2019/03/01	-2 000	2019/03/06	-2 000
2019/04/01	-1 000	2019/04/18	-1 000	2019/04/01	600	2019/04/18	600
2019/05/01	-1 000	2019/05/25	-1 000	2019/05/01	-1 000	2019/05/25	-1 000
2019/06/01	-1 000	2019/06/20	-1 000	2019/06/01	-1 000	2019/06/20	-1 000
2019/07/01	6 500	2019/07/01	6 500	2019/07/01	6 500	2019/07/01	6 500
XIRR	31.46%	XIRR	37.13%	XIRR	35.12%	XIRR	39.82%

经过测算，从 2019 年 1 月开始，截至 2019 年 7 月 1 日，定期定额、不定期定额、定期不定额、不定期不定额 4 种不同的现金流支出模型年化收益率分别为 31.46%、37.13%、35.12% 和 39.82%。

XIRR 函数与 IRR 函数在测算内部收益率时的区别在于，XIRR 函数需要计算时间，IRR 函数不需要时间，因此 XIRR 可以计算年化收益率。另外，IRR 函数适用于定期发生现金流收付的情况，而 XIRR 函数既可以适用于定期的现金流收付，也可以适用于不定期的现金流收付，应用范围更广。从计算年化收益率的角度看，XIRR 函数更合适。

二、如何估算指数基金仓位

通常而言，指数基金由于存在复制指数走势的要求，基金的仓位要遵循《基金合同》对股票资产的配置要求，仓位较高的成份股的配置比例严格按照指数的编制规则确定。极个别情况下，指数基金的仓位会出现波动，如新基金成立后不久、市场出现大幅波动时期、大额申购赎回期间是指数基金仓位变化最敏感的时期。

根据被动投资复制指数的原理，可将指数基金仓位估算公式大体总结为

$$指数基金预估仓位 \approx \frac{指数基金净值变化率}{标的指数价格变化率} \times 100\%$$

当一段时间内指数基金净值变化率等于标的指数价格变化率时，可近似看为指数基金的仓位接近满仓。现实中，由于指数基金需要预留一部分的现金及现金等价物用于应对投资者申购、赎回，很难长时间处于满仓状态。一般而言，ETF 指数基金的仓位普遍在 95% 左右，其他类型的指数基金仓位也普遍高于 90%。

如表 7-2 所示，以南方中证 500ETF 净值为例，2018 年二季度至 2019 年二季度的 5 个季度内，每个季度基金净值波动与标的指数波动十分接近。预估仓位平均值在 96%，基金定期报告中，股票占基金资产的比例维持在 95% 附近。除个别季度的影响外，预估的仓位与定期报告中股票资产占基金总资产的比例基本相当。

表 7-2　南方中证 500ETF 预估仓位与定期报告披露的仓位对比

日　　期	当季净值波动	当季指数波动	预估仓位	定期报告中股票占总资产比
2018Q2	−14.09%	−14.67%	96.05%	95.13%
2018Q3	−7.54%	−7.99%	94.37%	95.47%
2018Q4	−12.68%	−13.18%	96.21%	95.18%
2019Q1	33.02%	33.1%	99.76%	94.33%
2019Q2	−10.23%	−10.76%	95.07%	94.85%

数据来源：天天基金网、同花顺、Choice。

投资者需要定期评估手里的指数基金仓位高低，如果存在指数基金仓位长时间低于《基金合同》规定，跟踪误差可能扩大，最终影响投资者的收益率。在定投指数基金之前，我们也需要评估指数基金的仓位稳定性。预估仓位与《基金合同》规定的仓位差异不大的指数基金，说明该基金公司的管理能力较为优秀，这样的指数基金及基金管理人是值得信赖的。

三、如何计算指数基金的估值

对指数基金进行估值是帮助投资者判断底层资产贵贱程度的重要程序，投资者需要定期审视资产的估值情况，从而判断是否进行加仓或止盈。指数基金的估值来自基金配置的各项底层资产估值数据的加权或等权平均，但是要对基金配置的各项资产的估值逐项评估无疑是海底捞针。更加简便的方法是通过计算标的指数的估值数据，然后按照《基金合同》里约定的仓位乘以标的指数估值，即可得出指数基金估值的近似值。基本原理如下。

指数基金估值近似值 = 标的指数估值 × 指数基金仓位

投资者可根据标的指数的编制逻辑、成份股的行业结构、所处的市场环境等因素进行综合评估，选取合适的估值指标。估值方式有相对估值和绝对估值，其中相对估值法较为常见，如市盈率法、市净率法、PEG 法、EV/EBITDA 等。此处以市盈率为例，为投资者描述标的指数估值的计算。

市盈率是每股股价与每股收益的比值，是衡量投资回本周期的重要指标，亦称为"本益比"，即本金与盈利的比值。该数值越低，理论上代表回本的周期越短，资产越便宜。将每股股价与每股收益同时乘以股本数，即可得出市值与净利润的比值。将每家公司的市值、净利润与标的指数成份股数量相乘，即可得出指数的市盈率。指数市盈率的计算方式有多种，常见的有整体法、算术平均法、市值加权法等。

整体法：

$$标的指数市盈率 = \frac{\sum 标的指数成份股市值}{\sum 标的指数成份股净利润}$$

整体法是将标的指数全部成份股的市值加总，再除以标的指数全部成份股的净利润之和，得出标的指数市盈率。

算术平均法：

$$标的指数市盈率=\frac{\sum 标的指数成份股市盈率}{标的指数成份股数量}$$

算术平均法是先求出标的指数每个成份股的市盈率，然后将全部成份股市盈率加总，再除以标的指数的成份股数量，这是将市盈率进行算术平均。

市值加权法：

$$标的指数市盈率=\sum\left(成份股市盈率\times\frac{成份股市值}{\sum 标的指数成份股市值}\right)$$

市值加权法是以标的指数成份股的市盈率作为权重，每个成份股的市盈率权重为该成份股的市值占全部成份股估值总和的比例。每个成份股的市值占比乘以该成份股的市盈率，然后进行加总，得出标的指数的市盈率。

需要注意的是，成份股市值的计算需要根据指数开发商的编制规则统一标准，有的指数点位计算是以成份股的总股本作为标准计算总市值，有的指数是以成份股的自由流通股本量作为标准计算自由流动市值。有些指数开发商会通过对股本量进行分级调整，设置分级靠档标准，将成份股的股本统一调整至开发商规定的分级标准内，从而形成调整股本量。总之，投资者在计算标的指数估值之前，需要查阅指数开发商的相关规定。

以中证指数有限公司为例，该指数开发商对股票指数计算市盈率的方式为（采用整体法）

$$标的指数市盈率=\frac{\sum 成份股调整市值}{\sum 成份股净利润}$$

$$成份股调整市值=\sum\left(股价\times 成份股调整股本数\right)$$

$$成份股调整股本数=成份股总股本\times 加权比例$$

$$自由流通比例=\frac{成份股自由流通股本}{成份股总股本}$$

中证指数有限公司在股票指数的编制规则中明确规定，指数的市值应采用调整股本的口径进行计算。中证指数有限公司对调整股本数的计算方式为成份股的总股本乘以加权比例，加权比例是成份股自由流通比例的分级靠档指标。中证指数有限公司对自由流通比例与加权比例作出规定，一定比例范围内的自由流通比例、加权比例是固定的，具体如表 7-3 所示。

表 7-3　中证指数有限公司股票指数分级靠档表

自由流通比例（K）	加 权 比 例
$\leqslant 15\%$	上调至最接近的整数值
$15\% < K \leqslant 20\%$	20%
$20\% < K \leqslant 30\%$	30%
$30\% < K \leqslant 40\%$	40%
$40\% < K \leqslant 50\%$	50%
$50\% < K \leqslant 60\%$	60%
$60\% < K \leqslant 70\%$	70%
$70\% < K \leqslant 80\%$	80%
$K > 80\%$	100%

数据来源：中证指数有限公司。

关于市盈率，同样也有不同的引用标准。以上一年度的净利润计算的市盈率称为静态市盈率（LYR）；以最近四个季度滚动形成一个完整年度的净利润计算的市盈率称为滚动市盈率（TTM）。另外，还有以部分时间内的净利润折合成年度的净利润，从而计算出的预测市盈率。投资者可采用不同的标准计算不同的市盈率，但需要注意的是，一经确定净利润的计算标准，要保持统一，不能出现前后矛盾的情形。

股票指数估值数据的搜集和统计较为复杂，为方便快速获取信息，投资者可借助官方网站、金融终端、基金公司等渠道查询相应的指数估值数据。不过，对于一些刚刚编制的指数来说，由于成立时间较短，许多单位并未能及时提供相应的查询服务，掌握指数的估值方法就显得十分有必要。

第八章
如何克服投资过程
中的心理障碍

基金定投不仅需要投资者掌握仓位控制与资金分配的方法，还需要把握心态。基金定投是一场马拉松，对人性的考验极大，投资过程中容易产生各种各样的心理障碍，比如：下跌时要不要立即加仓？定投回本后要不要赶紧赎回？应该相信市场舆论还是相信自己的判断？无法克制大手大脚花钱的习惯导致定投计划受到影响又该怎么办？本章将为投资者介绍克服定投心理障碍的小窍门。

一、三步缓解急于加仓的恐慌心理

基金定投的投资者大多数是左侧交易者，其中很多人甚至是价值投资者，他们乐于看见市场下跌，市场越跌他们越兴奋。

在此过程中，不少投资者容易产生躁动式加仓的心态，这种心态在基金定投的人群中广泛存在。基金定投的投资者所面临的躁动式加仓，往往是在市场下跌时，由于害怕筹码攒得不够，害怕市场出现反弹甚至牛市而错过大行情。于是这些投资者的心态容易急躁，急于加仓，企图获得更低的持仓成本和更高的收益率。

在笔者看来，与高位追涨买入的心态极为相似，由于害怕持仓成本不够低、投入本金不够多引发的躁动式加仓心态，本质上同属于过度贪婪的心态。

产生这种心态的原因很多，主要是由仓位与资金分配不合理导致的。当投资者了解分批买入可以烫平持仓成本的原理后，并不能证明他就是一个合格的资金管理者。基金定投要取得成功，需要集认知、操作与心态控制于一体，少了哪方面的素质都不行。

因此，笔者建议投资者可以从如下几个方面克服躁动式加仓的心态。

首先，投资者需要了解刚开始进行基金定投时市场的大体估值水平，如果市场估值极低，可以先买入较大部分仓位的资金，如 40% 的仓位用于建设底仓，然后将剩余资金或每月的固定现金流用于后续的投入。此时，就算市场立即进入牛市，投资者也不会因为买得太少而错失行情，而如果市场继续下跌，手里又可以有大量的资金用于后续补仓，心态上会好很多。

其次，投资者在进行定投前，需要合理分配资金，同时需要预留一定的资金作为紧急备用金，以应对不时之需。此外，投资者还需要客观、合理地预估未来的现金流，做到早预知，早防备。

最后，投资者应该学会将生活中的情绪管理经验应用到资本市场中。投资者在生活中也许可以坦然面对得失，但到了与金钱紧密挂钩的资本市场可能就无法泰然处之。不过，投资者应该明白一点，即便没有在低位买到更多的份额、本金投入也不多，这种情况下市场上涨了，自己也并不会因此产生任何损失。赚多赚少都是赚，至少本金保住了，"留得青山在，不怕没柴烧"。

如果市场上涨之后又下跌，投资者手里至少还有大把的资金可用于加仓，无须担心因为资金不够导致亏损幅度加大。"涨也开心，跌也开心"，投资者如果能将心态调整至这种状态，资本市场将是他们的提款机。

二、回本后，要不要卖

当一个投资者意识到定投的重要性，"分批买入""越跌越买""止盈不止损"这些标签对他们而言不再陌生。一个定投基金的投资者，他也许可以忍受 -5% 的小幅亏损，甚至也能承受 -40% 的巨大回撤，但是当收益率扭亏为盈后，他却未必能从容应对。

许多基金定投的投资者在被亏损折磨数年之后，手里的资金也许已经所剩无几，或早已拿不出更多的钱用来投资。左侧交易的投资者，内心渴望市场继续下跌，以便他们继续摊低持仓成本，但由于弹尽粮绝，此时他们往往会迫切渴望市场上涨。

而当他们手里基金的收益率刚刚由负转正时，市场仍处于低迷状态，做多与做空的声音不断交织，这些噪声会干扰他们的判断，甚至影响他们的持仓心态。此时，一部分坚持了相当久的投资者信心会动摇，特别是当市场冲高回落后，他们手里的基金马上又要由盈利状态转为亏损状态，内心更加焦灼。

"回本后，到底要不要卖？"经过多年的观察，笔者发现存在上述心理障碍的投资者不在少数。归根溯源，之所以有此心理障碍，主要原因是投资者的定投资金分配不合理。在市场高位时买得太多，成本摊低效果极差，投资者出现恐慌心理；或者是投资者用于投资的资金分配不合理，挤压了工作、生活、学习等非投资资金，出现资金流动性压力，从而对基金涨跌患得患失。

用于投资的资金必须是闲钱，即便投资产生了较大的亏损，也不会对生活质量产生太大的影响。依本人的经验，判断投资者的生活质量是否出现下降，有两方面的经验：一是生活中需要用到大额资金时，可以随时支配其他账户的资金而不需要将基金资产赎回；二是睡眠质量不会因为基金收益率的波动出现明显的下降。除要合理分配投资与生活的资金外，以下经验也可供投资者借鉴。

首先，投资者应该明白的是，当你选择了一只清盘概率极低的指数基金进行投资时，几乎可以不用担心它会被退市，也不用担心本金会永久性损失。投资者需要做的是按照既定的计划，纪律性地完成定投，然后等待市场给予回报的时机降临。

其次，当经历过漫长的熊市定投之后，基金收益率逐渐扭亏为盈，此时市场依旧低迷，真正的牛市还没有到来，也许市场还会继续下跌，但是从概率学的角度分析，继续大跌的可能性已大幅降低。因为担心收益率再次大幅回撤而产生的恐惧、焦虑都是不必要的。投资者要学会自己勉励自己，降低不必要的心理负担："很荣幸地买在了市场的底部，这是上天赐予的千载难逢的机会，一定要好好珍惜并抓住这次良机。"

最后，回本后是否要赎回基金份额，也可以借助估值指标，观察市场情绪。"现在市盈率真的高到离谱了吗？""街头巷尾的人都在谈论股票还是闻股色变？网络上是否到处是股市的新闻？证券公司有经常打电话来催促开户吗？"

投资者应该具备识别市场情绪的能力，甄别市场的情绪有助于帮助投资者判断股市热度的高低。市场情绪低迷，往往也是底部的特征，如果不是由于资金压力，急需用钱，大可不必因为价格的短期波动而产生巨大的心理压力。

三、巧用媒体舆论

2019 年 9 月 18 日，全国政协委员、中国证监会原主席肖钢在蓟门法治金融论坛发表主旨演讲时表示，媒体已成为股票定价因素之一。

美国知名作家罗伯特·希勒曾在他的著作《非理性繁荣》中指出媒体通常以事件旁观者的身份出现，但他们已经是资本市场各种事件中不可或缺的一部分，新闻报道对市场产生的影响是复杂而不可预见的。

不管是原中国证监会主席肖刚，还是美国作家罗伯特·希勒，他们想要阐述的核心逻辑是媒体舆论对资本市场的影响力越来越大，投资者不应忽视。

媒体是连接资本市场与投资者的重要信息桥梁，媒体的发声将影响投资者特别是中小投资者的判断。以本人经验而言，媒体舆论与资本市场波动之间有一定规律，投资者可以利用此中的规律巧妙地避开投资陷阱或抓住投资良机。

通常，当市场上涨时，资本市场的赚钱效应吸引了大量的资金涌入，大量投资者对新闻资讯的需求提升，财经媒体行业的景气程度水涨船高，市场往往充斥着各种各样"利好"的新闻，即便这些新闻只是"某家上市公司改了一个好听的名字""某家上市公司沾上流行的概念"，或者"监管层将继续释放利好消息"等。在市场处于狂热阶段时，媒体报道的热情也十分高涨，投资者容易陷入利令智昏的局面中。因为他们手里的资产价值在不断增长，所有的利好消息他们都喜欢，而对于利空消息他们往往选择无视。

当市场低迷时，投资者心惊胆战，草木皆兵，任何一个利空的消息都有可能被无限放大，此时他们的焦点更容易放在如何躲避"黑天鹅"事件上。媒体在粉丝效应的驱动下，也更愿意报道负面新闻。

现实中大部分媒体的营利来自广告收入，这决定了大部分媒体无法客观并且前瞻与逆向地评论某个事件。因此，投资者对财经媒体的关注焦点应该放在如何甄别最有价值的新闻报道，并利用逆向投资的思维去辅助决策。

当市场处于低迷状态并且持续时间已经相当长，此时如果有大量的媒体同时在渲染悲观的气氛，投资者要做的是分析文章渲染悲观的理由是否成立。例如，针对这些悲观的理由，每家媒体的观点都不一样还是千篇一律？这些悲观的信息只是在当时的环境下才出现还是已被市场反复炒作？这些悲观的理由是否可以经得住推敲，对上市公司的影响是短暂的还是久远的？

当市场经历了相当长时间的上涨，看涨气氛十分热烈，媒体的报道同样呈现类似的特征，此时不妨冷静下来，分析媒体的报道是否符合常识。例如，媒体报道市场将继续上涨的逻辑是否站得住脚？市场是否进入高估状态？对于股市前瞻性的报道，需要媒体符合常理地进行逻辑上的说明，并用准确的数据支撑他们的言论。需要注意的是，数据与逻辑要相互印证，而不只是简单堆砌数据，数据的简单堆砌没有任何意义。如果有媒体利用煽动性的语言，堆砌了一堆看似专业但没有逻辑支撑的数据，豪情万丈地描绘出一幅资本市场蓝图，却无法告诉投资者经得起推敲的逻辑，投资者最好远离它们，并卖掉手里的基金。

四、延迟满足的小窍门

字节跳动创始人张一鸣有一句名言："以大多数人的延迟满足能力之低，根本轮不到拼天赋。"这句话将人性中的弱点描述得淋漓尽致。减肥、学习、健身、读书以及长期定投基金，对于大多数人来说，短期之内得不到正反馈。由于短期看不到效果，人自然会急躁，甚至会批判并产生逆反心理，最终无法坚持完成既定的目标，这是人的天性。

许多投资者曾经有过理财的计划或设想，却难以管住急于消费的双手或无法承受短期之内见不到理想回报，最终导致计划胎死腹中。投资者想要通过基金定投获得长远的高回报，首先要做的事是克服急于享乐的心理障碍。

当投资者每月有一笔固定的资金流入银行账户时，正常情况下，投资者会预计收入的规模以及每月各种消费开支的规模，将剩余部分的资金用于定投。这种方法是常规操作，对于纪律性意识薄弱的投资者，他们很难控制消费的金额，最后导致每个月无法拿出足额的资金用于基金定投。

笔者的经验是，当投资者每月收到一笔资金流入时，先拿出一部分资金用于定投，强制存入银行或基金账户中，然后将剩余的资金用于生活。经过本人数年的观察与实践，这是一种行之有效的解决方案，可帮助投资者快速、高效地培养延迟满足的品质，并形成良好的储蓄和投资习惯。

五、危中寻机，人弃我取

2013—2014年期间，A股市场中小盘股与大盘股风格轮动行情非常明显，投资创业板中小股票的投资者"瞧不起"投资上海市场蓝筹股的投资者，投资成长股的趋势投资者"鄙视"价值投资者，这个现象一直持续到 2016 年。2013—2014 年的中国正经历着移动互联网兴起后规模最大的投资热潮。2012 年底至 2015 年中，创业板指数累计涨幅超过 500%，很多中小上市公司的股票暴涨超过 10 倍，其中就有后来名声不好的乐视网、金亚科技等一批中小企业。

2013—2014 年的蓝筹股被诸多投资者唾弃，原因是这些公司的股价一直不上涨，再加上媒体渲染的各种悲观气氛，蓝筹股在这段时间一度被称为"大烂臭"。当时许多大型上市公司，特别是国企和央企，正面临着严重的产能过剩、高负债压力和污染治理问题。

经过数年的努力，许多蓝筹股面临的经营困境得到了大幅改善，而当年由于市场极度悲观，许多蓝筹股股价被压缩到历史极低位置，公司价值被严重低估。2016 年 A 股"熔断"行情之后，A 股市场悄悄走牛，但只是部分股票的狂欢，这些后来享受估值溢价的股票正是当年被称为"大烂臭"的大盘蓝筹股。几年时间，A 股市场的"鄙视风潮"发生了大逆转，而类似于这种风格轮动式的"鄙视风潮"在中国 A 股市场经常发生。

每个投资者都期望自己能在市场中以最低的风险获取最大的收益，但回过头来看，什么时候才算是风险最低的时候？什么样的情况下才能获取最高的回报？也许你会说低买高卖的风险最低、收益最大，但是当资产处于低位而且一直在下跌的时候，你敢买吗？彼时那些资产在很多投资者眼里就像 2013 年的蓝筹股一样，被众人鄙视为"大烂臭"，哪怕它身上的价值已经高出市场给它的价格，也没有多少人敢买。

企业还是个人都有周期，也都有高峰和低谷。当他们穷困潦倒处于阶段性低谷时，只要未来还有向上的空间，那就扶他们一把。

这里引用著名逆向投资大师约翰·邓普顿的话："牛市在绝望中诞生，在怀疑中成长，在乐观中成熟，在兴奋中死亡。"对于遇到阶段性困难而非根源性问题的企业，笔者更愿意做雪中送炭之人，在它们遇到困难的时候投资它们、帮助它们，待它们荣华富贵后转身离开。